Auf den Gewürzstraßen
der Welt

Auf den Gewürzstraßen der Welt

Rezepte und Geschichten aus dem
WORLD FOOD CAFE

VERLAG FREIES GEISTESLEBEN

In gleicher Ausstattung erschienen:

Carolyn & Chris Caldicott
WORLD FOOD CAFÉ
Vegetarische Gerichte aus aller Welt
Aus dem Englischen von Gabriele und Sebastian Hoch,
192 Seiten, durchgehend farbig, gebunden
ISBN 978-3-7725-2521-6

Vom Institut für Koch- und Lebenskunst Leipzig / Frankfurt am
Main zum KOCHBUCH DES MONATS JULI 2010 gewählt.

«Die Sammlung exotischer vegetarischer Gerichte in Verbindung mit
überwältigenden Fotografien bietet zugleich eine Einführung in die
Geschichte der Küche in einigen der farbenprächtigsten Regionen
der Welt.»   *Geographical Magazine*

1. Auflage 2011

ISBN 978-3-7725-2522-3

Verlag Freies Geistesleben
Landhausstraße 82
70190 Stuttgart
Internet: www.geistesleben.com

Die Originalausgabe erschien erstmals 2001 unter dem Titel
«The Spice Routes» bei Frances Lincoln, London.

Aus dem Englischen übersetzt von Birgit Reß-Bohusch

Für die deutsche Ausgabe:
© 2011 Verlag Freies Geistesleben
& Urachhaus GmbH, Stuttgart
Druck: EGEDSA, Sabadell
Printed in Spain

Das World Food Café im Internet: www.worldfoodcafenealsyard.com

SEITE 1: Die klaren Gewässer des Indischen Ozeans
bildeten die Kulisse einschneidender Ereignisse in der
Geschichte des Gewürzhandels.

SEITE 3: Arabische Dhaus brachten die ersten Händler
vom Persischen Golf zu den Häfen der indischen
Malabarküste.

RECHTS: Stand auf dem Gewürz-Souk (Marktviertel)
der marokkanischen Hafenstadt Essaouira.

FOLGENDE DOPPELSEITE: Die indische Malabarküste war
jahrhundertelang ein wichtiges Zentrum des Fernost-
Gewürzhandels.

Inhalt

Einleitung

Zu den großen Freuden des Reisens zählte schon immer das Entdecken und Ausprobieren all der herrlichen Gerichte, die rund um die Welt angeboten werden. 1991 eröffneten wir in Covent Garden das «World Food Café» mit dem Gedanken, mitten in London einige der kulinarischen Kreationen auf den Tisch zu bringen, denen wir auf unseren Reisen begegnet waren.

Die Kochtraditionen der Welt sind von kulturellen Vorlieben ebenso beeinflusst wie vom Klima oder der Geografie einer Region. Viele der Gewürze, mit denen wir eine ganz besondere Note in unsere Speisen zaubern, haben ihren Ursprung in einer bestimmten Region des Tropenwaldes oder kommen von einer fernen Inselgruppe. Der weltweite Handel mit diesen Gewürzen begann bereits vor Jahrtausenden. Unermessliche Reichtümer wurden angehäuft und zerrannen wieder. Die Suche nach neuen Wegen zu den Quellen der kostbaren Samen, Wurzeln, Rinden und Früchte läutete das Zeitalter der Entdeckungen ein und führte schließlich zu großräumigen Verlagerungen von Kulturen und Menschen.

Die verschiedenen Volksgruppen, die in die neu erschlossenen Gebiete auswanderten, nahmen die Rezepte ihrer Heimat mit und begannen die Gewürze einzuführen, die sie für ihre traditionellen Gerichte benötigten. Andere wurden durch Reisen angeregt, fremdländische Speisen auch zu Hause auszuprobieren. So kommt es, dass wir heute in nahezu jedem Supermarkt die exotischsten Zutaten finden. Nie zuvor gab es eine so große Auswahl an Lebensmitteln, die aus den fernsten Ecken der Welt zu uns gelangen.

Dieses Buch zeigt die Wege der Gewürze von ihrem Ursprung bis zum Verbraucher auf. Es enthält eine bunte Mischung aus historischen Fakten, persönlichen Reiseerlebnissen, Rezepten, die von den Gewürzen selbst inspiriert wurden, und Bildern der Länder und Leute entlang der traditionellen Gewürzrouten.

Der Gewürzhandel

Das älteste konkrete Zeugnis für den Fernhandel mit Gewürzen findet sich auf Wandreliefs des Totentempels von Deir el-Bahri, den die Pharaonenherrscherin Hatschepsut bei Theben am Westufer des Nils errichten ließ.

Auf den knapp 3500 Jahre alten Reliefs sind Expeditionen dargestellt, die vom Nildelta teils über Land, teils über ein Netz von Kanälen und Seen zum Roten Meer führten. Von dort aus segelten die alten Ägypter die Küste entlang südwärts in das legendäre, irgendwo am Horn Afrikas gelegene Land Punt. Hauptzweck dieser Reisen war vermutlich der Handel mit Harzen wie Weihrauch und Myrrhe, die als Duftstoffe oder als Ingredienzien für die Einbalsamierung sehr begehrt waren. Aber auch Zimt scheint Verwendung in den Grabkammern jener Zeit gefunden zu haben. Und da Zimt nur auf der Insel Sri Lanka heimisch ist, muss es bereits im Altertum einen Seeweg über das Arabische Meer nach Indien gegeben haben. Noch älter waren wohl die Landwege, auf denen Pfeffer aus Vorder- und Hinterindien das Industal herauf und über den Khyber-Pass nach Mesopotamien und in die Levante gebracht wurde.

Die Ägypter des Pharaonenreichs waren nicht die einzigen frühen Abnehmer von Gewürzen aus Asien. Um 1000 v. Chr. tauschten phönikische Seefahrer Gewürze gegen vielseitig verwendbare Metalle ein und drangen dabei von ihrem Stützpunkt Tyros im heutigen Südlibanon nach Westen und Norden bis Südspanien und Südengland und nach Süden und Osten bis an die Küsten Ostafrikas und Indiens vor. Die Bewohner des östlichen Mittelmeerraums besaßen selbst eine Fülle von Gewürzen, die sie gegen Zimt und Pfeffer aus dem fernen Osten einhandeln konnten, darunter Kreuzkümmel, Koriander, Fenchel, Bockshornklee, Sesam, Dill, Kapern, Mohn, Wiesenkümmel, Schwarzkümmel und Anis.

Während der Eroberungszüge Alexanders des Großen, der im 4. Jahrhundert v. Chr. mit seinen Kriegern bis zum Indus vorstieß, fand ein reger Gewürzhandel an den Mittelmeerküsten und entlang der Pfefferstraße nach Osten statt. Die Leidenschaft für Gewürze unter den Köchen des antiken Griechenlands ging mit der hellenischen Kultur auf das römische Imperium über. Bereits im 1. Jahrhundert n. Chr. gab es mit der Seidenstraße einen Landweg bis nach China, und arabische Seeleute nutzten die Passatwinde für Handelsfahrten zwischen den Häfen des Persischen Golfs und der indischen Malabarküste.

Gewürze entwickelten sich immer mehr zu einer lukrativen Ware, allen voran der Pfeffer, der nur in den Tropenwäldern entlang der Malabarküste im Südwesten von Indien gedieh. Pfeffer wurde vor allem deshalb hoch geschätzt, weil er Pökelfleisch schmackhafter machte. Und da das Einsalzen jahrhundertelang die einzige Form der Lebensmittelkonservierung darstellte, konnten die Händler den Bedarf an Pfeffer kaum befriedigen. Bis heute sind Salz und Pfeffer die am häufigsten verwendeten Speisewürzen geblieben. Umgekehrt zeigten sich die Köche Indiens begeistert von den Gewürzen des Mittelmeerraums und des Nahen Ostens. Mit der Verbesserung des Schiffbaus und der Navigation im Fernen Osten segelten Handelsdschunken aus China am fernen Ende der Seidenstraße westwärts, beladen mit Gewürzen wie Kassie (eine zimtähnliche Pflanze) aus dem Hügelland nahe Burma und Sternanis aus den

Der immense Reichtum, den die Kaufleute von Venedig im 14. und 15. Jahrhundert durch ihr Gewürzmonopol in Europa erwarben, spiegelt sich in den Prachtbauten aus jener Epoche wider.

Huang-Shan-Bergen. Kaufleute aus Indien, Arabien und China handelten außerdem mit Gewürznelken, Muskatnuss und Macis von den indonesischen Molukken, die jahrhundertelang unter der schlichten Bezeichnung «Gewürzinseln» bekannt waren. All diese Spezereien wurden gegen die getrockneten schwarzen Pfefferkörner und gegen andere wertvolle Gewürze von der Malabarküste eingetauscht.

Malabarhäfen wie Cochin gehörten zu den frequentiertesten Küstenstädten der Welt. Während des nächsten Jahrtausends blühte das Geschäft mit China durch arabische Zwischenhändler. Aber von ihren Dhaus, die über das Arabische Meer nach Westen zum Persischen Golf und ans Rote Meer segelten, musste die Pfeffer- und Gewürzfracht immer noch auf große Kamelkarawanen umgeladen werden, die sie zu den Gewürzhändlern in den Souks von Kairo, Alexandria und Aleppo brachten. Die Araber nutzten den Untergang des Römischen Reiches, um sich das Handelsmonopol im Westen zu sichern. Rund um das Mittelmeer beherrschten die Mauren den Handel und verbreiteten dabei den Islam über ganz Nordafrika und Spanien. Die Nordküste des Mittelmeers kam erst wieder zum Zug, als die Kaufleute der norditalienischen Stadtstaaten zu Macht und Ansehen gelangten.

Seit dem 10. Jahrhundert hatten venezianische Schiffe in levantinischen und ägyptischen Häfen Gewürze an Bord genommen und in ganz Europa verteilt. Im 13. Jahrhundert aber erneuerten die Mameluckenherrscher in Ägypten das alte pharaonische Kanalsystem zwischen Kairo und dem Roten Meer und schleusten den gesamten Gewürzhandel zwischen Ost und West über diese Route. Von nun an teilten sich die Ägypter und die Venezianer das europäische Gewürzmonopol. Kairo erlebte eine goldene Ära, in der Geisteswissenschaften, Kultur und Baukunst aufblühten.

Die Gewürzpreise wurden immer höher getrieben, und im 15. Jahrhundert hatte Venedig solche Reichtümer angehäuft, dass seine Pracht den Neid der aufstrebenden Seefahrernationen im Westen Europas weckte. Und so begann ein Wettlauf um die Entdeckung neuer Schiffsrouten zu den Quellen der kostbaren Gewürze. 1487 fand der portugiesische Seefahrer Bartolomeu Diaz einen Schiffsweg um das Kap der Guten Hoffnung an der Südspitze Afrikas zum Indischen Ozean. Ihm folgte 1497 Vasco da Gama, der bis nach Calicut (heute Kozhikode) an der Malabarküste segelte und dort den Grundstein für einen Handel legte, der die Preise der Venezianer unterbieten und den Kaufleuten von Lissabon großen Reichtum bringen sollte.

Im Jahr 1492 erhielt der Genueser Christoph Kolumbus von der spanischen Krone den Auftrag, den Atlantik in westlicher Richtung zu überqueren, um einen kürzeren Seeweg nach Ostindien zu erkunden. Dass er bei seiner Expedition unvermutet auf Amerika stieß, sollte den Lauf der Geschichte verändern. Der Zeitpunkt der Entdeckung Amerikas erwies sich als besonders günstig, da er mit der Abkapselungspolitik der Ming-Dynastie in China zusammenfiel. Vor den Ming-Kaisern, vor allem während der Regierungszeit des Mongolenherrschers Kublai Khan, hatte China eine Seemacht besessen, die den Europäern in der Kunst der Navigation und im Fernhandel weit überlegen war. Hätte China weiterhin in ganz Asien chinesische Handelsposten und

Stützpunkte errichtet, wäre es wohl unvermeidlich gewesen, dass seine Seefahrer irgendwann den Pazifik überquert und Amerika vor den Europäern erreicht hätten.

So waren die Spanier und Portugiesen die Ersten, die in Amerika siedelten und Handel trieben und eine Fülle bis dahin unbekannter Waren nach Europa einführten. In Mexiko machten die Azteken die spanischen Eroberer erstmals mit so exotischen Genüssen wie Kakao, Vanille, Tomaten, Mais und Chili bekannt. Weiter südlich in den peruanischen Anden verwendeten die Inka ebenfalls Chili und Mais, dazu Kartoffeln, Chininrinde als Malariaheilmittel und Kokablätter als Stimulans. Viele dieser Produkte spielten im Lauf der Zeit eine bedeutende Rolle in der Weltgeschichte. Ohne Chinin wären die Ambitionen der Europäer, in den Tropen Kolonialimperien zu errichten, von der Malaria zunichtegemacht worden. Mais entwickelte sich zum Grundnahrungsmittel in fast allen Regionen Afrikas südlich der Sahara. Die Kartoffel wird heute von Irland bis nach Nepal angebaut. Und Kakao und Vanille sind Hauptbestandteile der Schokoladen- und Süßwarenherstellung in aller Welt.

Auf den Inseln der Karibik bedeutete Kolumbus den Eingeborenen, dass er auf der Suche nach Pfefferkörnern war, und sie brachten ihm ein paar getrocknete, unreife Beeren ganz ähnlichen Aussehens von einem einheimischen Baum. Allerdings handelte es sich dabei nicht um Pfeffer, sondern um die heute weit verbreiteten, hoch geschätzten Pimentbeeren, die auch als Nelkenpfeffer bekannt sind. Was die Gewürzküche jedoch grundlegend veränderte, war die Chilischote. Kein Mensch in Indien, Thailand, Malaysia oder Indonesien hatte je etwas von Chili gehört, ehe portugiesische Schiffe die Schoten im 16. Jahrhundert nach Asien brachten. Die scharfen, mit Chili gewürzten Gerichte, die uns heute typisch für diese Länder erscheinen, haben in Wahrheit eine relativ junge Tradition.

Die Portugiesen errichteten zwar Handelsposten in Brasilien, auf den Azoren, in West-, Süd- und Ostafrika, am Persischen Golf, in Goa, Cochin, Malakka, Java und Macao, begründeten aber aufgrund der großen Entfernungen kein Kolonialreich, außerdem ging der Gewinn aus dem Gewürzhandel eher an private Kaufleute als an die portugiesische Krone. Die Spanier, die als Erste die Erde umsegelt und eine neue Pazifikroute zu den Gewürzinseln entdeckt hatten, konnten ihre Vormachtstellung auch nicht halten, da sie ihr Land aufgrund kostspieliger Seekriege gegen England und Frankreich in den wirtschaftlichen Ruin trieben. Briten und Niederländer nutzten die Gelegenheit und gründeten die sogenannten Ostindischen Kompanien, mit deren Hilfe sie bald den Welthandel dominierten.

Nach jahrelangen Konflikten und Konkurrenzkämpfen sicherten sich die Holländer die Handelsvormacht auf den Gewürzinseln, deren Haupterzeugnisse Gewürznelken, Muskatnuss und Macis (die getrocknete Schale der Muskatnuss) waren. Der Einfluss der Briten erstreckte sich über die Pfeffer- und Gewürzländer

Indien, Sri Lanka und die Malakka-Halbinsel. Beide Kompanien schützten ihr Handelsmonopol durch ein strenges Ausfuhrverbot sämtlicher Gewürzpflanzensämlinge.

Letzten Endes wurden die Monopole durch die Franzosen gebrochen, als es einem Mann mit dem treffenden Namen Pierre Poivre gelang, Gewürzpflanzen aus Indien auf die damals französische Insel Mauritius zu schmuggeln und dort heimisch zu machen. Die Franzosen errichteten schon bald Gewürzplantagen auf sämtlichen Inseln, die sie im Indischen Ozean besaßen, mussten allerdings die meisten davon nach Napoleons Niederlage bei Waterloo als Kriegsbeute an die Briten abtreten.

Auf der anderen Seite des Globus besetzten die Briten, Franzosen und Niederländer die meisten Inseln der Karibik sowie Guyana an der Nordküste Südamerikas und bauten dort nicht nur Gewürze, sondern auch Zuckerrohr und Bananen an. Für die Arbeit auf den riesigen Plantagen verschiffte man Millionen von Sklaven aus Afrika in diese Gebiete. Der größte Teil Südamerikas wurde jedoch weiterhin von den Spaniern oder Portugiesen beherrscht.

Während Nordamerika und Australien im Welthandel mit Gewürzen kaum eine Rolle als Lieferanten spielten, hatten sie als neue Absatzmärkte eine umso größere Bedeutung. Vor allem die USA entwickelten sich zum größten Abnehmer des modernen Gewürzhandels und verhalfen dadurch einigen ihrer Großstädte zu immensem Wohlstand. Die Volksgruppen aus aller Welt, die hier – freiwillig oder nicht – eine neue Heimat fanden, haben zu einer reichen Vielfalt von Küchentraditionen mit ihren jeweils typischen Gewürzen geführt.

Die Geschichte der Inseln, die der Küste Ostafrikas im Indischen Ozean vorgelagert sind, ist eng mit den Gewürzrouten verbunden. Viele dieser Länder haben in der Ära nach der Kolonialherrschaft eine eigene blühende Gewürzproduktion aufgebaut, die bis heute die Weltmärkte beliefert. Im Gegensatz dazu mutet der internationale Gewürzhandel Afrikas angesichts der Kontinentgröße erstaunlich bescheiden an, obwohl europäische Kaufleute eine Reihe von afrikanischen Häfen errichteten, die ihre Schiffe auf dem Weg in den Fernen Osten anlaufen konnten. Lediglich die Länder an der Westküste Afrikas führen Gewürze in größerem Umfang ein.

LINKS OBEN: Diese Straße verläuft durch die Huang-Shan-Berge im Südwesten Chinas, dem Ursprungsland von Sternanis, einem früher als Kostbarkeit gehandelten Gewürz.

LINKS: Die Ruinen von Teotihuacán, der größten Stadtanlage Mexikos aus präkolumbischer Zeit.

Was sind Gewürze?

Früher bezeichnete man bei uns Gewürze meist als Spezereien. Dieser Begriff, der sich vom lateinischen *species* herleitet und bis heute im englischen «spices» oder im französischen «épices» fortlebt, bedeutete ursprünglich Waren, und zwar insbesondere Waren, die aus dem Osten kamen. Jahrtausendelang gehörten Spezereien oder Gewürze zu den wertvollsten Handelswaren überhaupt, dennoch fällt es nicht leicht, sie in ihrer Gesamtheit zu definieren. Zu den Substanzen, die heute allgemein zu den Gewürzen gezählt werden, gehören Samen, Beeren, Blüten, Früchte, Kerne, Wurzeln, Rhizome, Blätter, Samenmäntel, Rinden und Säfte, die bei der Vor- und Zubereitung von Speisen Verwendung finden. Allen gemeinsam sind Aromastoffe, die von alters her einzeln oder in Kombination mit anderen dazu dienen, Gerichte zu würzen und auf diese Weise schmackhafter zu machen.

Obwohl Gewürze fast nie für sich verzehrt werden, besitzen die meisten einen beträchtlichen Nährwert und darüber hinaus häufig eine heilkräftige Wirkung. Diese Eigenschaften haben dazu beigetragen, dass sie sich auch in Regionen fern von ihrem Ursprungsland großer Wertschätzung erfreuen. Manche Gewürze, die nur in tropischer Umgebung gedeihen, werden getrocknet und zu weit entfernten Absatzmärkten in gemäßigten Breiten transportiert. Andere Pflanzen konnten mit Erfolg in anderen Gebieten angebaut und den Verbrauchern frisch angeboten werden. Es gibt auch Gewürze, die ihr Ursprungsland nie verlassen haben. So wird Sumach fast nur in der mediterranen Küche verwendet; Ajwain (Thymiansamen), Amchur (Mangopulver), Kokum, Kai Nemak und Zitwer *(Curcuma zedoaria)* bleiben auf indische Rezepte beschränkt; Sichuan-Pfeffer wird selten in nichtchinesischen Gerichten benutzt und Melegueta-Pfeffer ist praktisch nur in Westafrika bekannt.

Die gefragtesten und teuersten Gewürze, die auf dem Land- und Seeweg gehandelt wurden, sind: Safran (die getrockneten Narbenäste einer Krokusart); Pfeffer- und Pimentkörner; die Samen von Kreuzkümmel, Koriander, Fenchel, Bockshornklee, Senf, Schwarzkümmel, Sesam und Anis; die Früchte, Kapseln und Schoten von Kardamom, Paprikapflanzen (z.B. Chili, Cayenne und Paprika), Tamarinde, Vanille und Sternanis; die Rhizome von Ingwer, Galgantwurzel und Kurkuma (Gelbwurz); die Rinde von Kassie und Zimt; die Blüten der Gewürznelke; die Kerne der Muskatnuss und deren Schale, Macis; sowie die Blätter von Zitronengras, Kari Patta (Curry), Koriander, Bockshornklee und Kaffir-Limette.

Der Umgang mit Gewürzen

Alle in diesem Buch genannten Gewürze sind auch bei uns erhältlich, manche vielleicht nur in größeren Städten mit Lebensmittelgeschäften, die sich auf die Kundschaft bestimmter ethnischer Gruppen spezialisiert haben, die meisten dagegen in normalen Supermärkten, in Bio- oder Delikatessläden. Die meisten frischen Gewürze – wie Galgantwurzel, Zitronengras, Curry- und Limettenblätter – können in größeren Mengen gekauft und tiefgekühlt aufbewahrt werden.

Gewürze müssen mit großer Sorgfalt behandelt werden. Lagern Sie sämtliche getrockneten Gewürze in luftdichten Behältern und an einem möglichst dunklen Platz. Da sich fast alle ganz besser halten als in Pulverform, sollten Sie stets nur die Menge zerkleinern, die Sie gerade benötigen. Manche Leute schwören darauf, die Gewürze von Hand im Mörser zu zerstoßen, andere ziehen die Bequemlichkeit einer elektrischen Mühle vor.

Die meisten Gewürze entfalten ihr volles Aroma erst beim Erhitzen. Deshalb werden sie oft gleich zu Beginn des Garvorgangs trocken oder in Öl angeröstet. Manche Gewürze mischt man allerdings erst kurz vor dem Servieren unter das Gericht.

Eine der häufigsten Fragen, die wir im World Food Café hören, lautet: «Ist das Essen scharf?» Damit meinen die Leute in der Regel: «Wie viel Chili verwendet ihr?» Dabei lassen sich Gerichte mit herrlichen Kombinationen aromatischer Gewürze zubereiten, ohne übermäßig scharf zu schmecken. Andererseits kann eine einzige Habanero-Schote eine Mahlzeit zu einem Erlebnis machen, das Körper und Geist verändert. Die Vorlieben und die Toleranz für Gewürze sind breit gefächert. Manche Menschen empfinden extrem scharfe Speisen als besonderen Genuss, andere dagegen als unerträgliche Qual. Bei den Rezepten in diesem Band stehen raffinierte Gewürzkombinationen im Vordergrund, die ein Gericht interessant und abwechslungsreich machen. Auf die wenigen Ausnahmen, die einem wirklich Tränen in die Augen schießen lassen können, wird im Rezept speziell hingewiesen.

Der geschäftige Gewürz-Souk in der Medina von Marrakesch. Die Küche Marokkos verwendet in der Regel Gewürzmischungen, deren Bestandteile aus aller Welt kommen.

Das östliche Mittelmeer

OBEN: Ein Tempelwächter der Grabanlage von Königin Hatschepsut bei Deir el-Bahri.

GEGENÜBER: Eine der kolossalen Säulenreihen im Tempelkomplex von Medinet Habu, den Ramses III. bei Theben errichten ließ.

VORHERGEHENDE SEITE: Eine Frau am Rande der Siwa-Oase in Ägypten. Die achtzehn Meter unter dem Meeresspiegel gelegene Senke besitzt zahlreiche Süßwassertümpel, mit denen Haine von Dattelpalmen, Ölbäumen und Zitronenbäumen bewässert werden. Oasen waren einst wichtige Zwischenstationen für Kamelkarawanen auf dem Weg durch die Wüste.

Felsige Küsten, von Wüsten gesäumtes Hinterland, bewaldete Hügel und weite Grasflächen bilden den östlichen Mittelmeerraum. Hier gedeihen eine Reihe von Gewürzen und Kräutern, die eine wichtige Rolle in der Geschichte des Handels spielten. Kreuzkümmel, Koriander, Fenchel, Bockshornklee, Sesam, Schwarzkümmel, Anis, Mohn, Kümmel, Kapern, Thymian, Petersilie, Minze und Oregano stammen allesamt aus der großen Mittelmeerregion, die heute Ägypten, die Länder der Levante, die Türkei, Griechenland, den Balkan und Süditalien umfasst. Infolge des regen Handels entlang der Gewürzrouten bringt man jedoch viele dieser Zutaten heute mehr mit ihrem Verbreitungs- als mit ihrem Ursprungsgebiet in Verbindung.

Bereits um 3500 v. Chr. verwendeten die alten Ägypter einheimische Gewürze und Kräuter für die Zubereitung von Speisen, in der Kosmetik und zum Einbalsamieren ihrer Toten. Die Ägypter pflegten ihre Fleischgerichte langsam zu garen und in Gewürzbrühen ziehen zu lassen. Obwohl Kreuzkümmel, Koriander, Fenchel, Anis und Mohnsamen reichlich im Land vorhanden waren, scheinen einige Gewürze bereits im 2. Jahrtausend v. Chr. auf dem Seeweg in das Reich der Pharaonen gelangt zu sein. Im Totentempel von Königin Hatschepsut (ca. 1512–1482 v. Chr.), den die einzige weibliche Herrscherin auf dem Pharaonenthron bei Deir el-Bahri errichten ließ, schildern eine Reihe von Wandreliefs Schiffsexpeditionen, die sich auf die Suche nach Weihrauch, Myrrhe und anderen Gewürzen in das Land Punt begaben. Wir wissen wenig über Punt, das irgendwo in Somalia oder Äthiopien am Roten Meer lag, aber wer immer seine Bewohner waren, sie scheinen mit die Ersten gewesen zu sein, die über weite Entfernungen mit Gewürzen handelten.

In der Ära von Ramses II. (ca. 1304–1237 v. Chr.) drangen ägyptische Schiffe über den Persischen Golf bis zum Euphrat im damaligen Mesopotamien vor, und Ägypten entwickelte sich zu einem lukrativen Umschlagplatz für Gewürze aus immer ferneren Regionen. Auf neuen Landwegen, die vom Industal über den Khyber-Pass quer durch Afghanistan und Persien nach Babylonien führten, brachten Handelskarawanen Gewürze wie Pfeffer, Ingwer, Kardamom, Kurkuma und Zimt von der Malabarküste Indiens und von Ceylon, dem heutigen Sri Lanka.

Die alten Griechen dagegen begnügten sich größtenteils mit mediterranen Kräutern und zeigten wenig Interesse an Gewürzen aus dem Orient, mit Ausnahme von Zimt und Safran. Doch die Eroberungszüge von Alexander dem Großen (356– 323 v. Chr.) veränderten die gesamte Struktur der antiken Welt. Alexander herrschte über ein Reich, das sich von Ägypten bis zum Indus erstreckte; und nicht nur zwischen Ost und West, sondern auch rund um das Mittelmeer gab es geschützte Handelswege, über die ein reger Austausch von Waren – darunter auch Gewürzen – stattfand.

Um das 1. Jahrhundert v. Chr. hatte sich das Zentrum der mediterranen Macht nach Rom verlagert. Die Römer dehnten ihr Imperium und ihre Handelsrouten bis an den Persischen Golf und das Kaspische Meer aus und unternahmen sogar Seereisen nach Indien. Der römische Patrizier Apicius verfasste im 1. Jahrhundert n. Chr. eines der ältesten Kochbücher der Welt in lateinischer Sprache. Die erhalten gebliebene Rezeptsammlung zeugt von der Vorliebe der Römer für heimische Gewürze wie Kreuzkümmel, Koriander und Kümmel, aber auch für Exoten wie Pfeffer, Gewürznelken, Kardamom und Ingwer.

Während der stürmischen Jahrhunderte zwischen dem Untergang des Römischen Reiches im 5. Jahrhundert n. Chr. und dem Aufblühen der italienischen Stadtstaaten im 13. und 14. Jahrhundert beschränkte sich der Gewürzhandel im Mittelmeerraum fast ganz auf den Verkauf von Beutegut, das Piraten, Banditen und heimkehrende Kreuzfahrer mitbrachten. Weiter im Osten jedoch bauten arabische Kaufleute ihre Handelsbeziehungen mit der Malabarküste Indiens, mit Ceylon, den Gewürzinseln Indonesiens und sogar China aus. Muskatnuss und Macis, Gewürznelken und Kassie-Rinde bildeten zusammen mit Pfeffer, Kurkuma, Ingwer, Kardamom und Zimt das damals übliche Warenangebot.

Um 1295, als Marco Polo von seinen ausgedehnten Reisen durch Asien nach Venedig zurückkehrte und eine Fülle von Wissen und Handelskontakten mitbrachte, die seiner Heimatstadt einen entscheidenden Vorsprung gegenüber den italienischen Rivalinnen verschaffte, hatten die Mamelucken, die seit 1250 in Ägypten herrschten, die Ostküsten des Mittelmeers gesichert. Alles war bereit für einen blühenden Handel. Flotten venezianischer Ruder- oder Segelfrachter nahmen kostbare Gewürzladungen an Bord, die arabische Händler nach Kairo und in die Häfen der Levante brachten. Von Venedig aus vertrieben Kaufleute die Spezereien in ganz Europa und erwarben sich durch diesen Zwischenhandel große Reichtümer.

Das weckte den Neid der jungen Seefahrernationen im Westen des Mittelmeeres, die schon bald Möglichkeiten für einen eigenen Gewürzhandel erforschten. Portugal schickte kühne Entdecker auf die Suche nach einem Seeweg, der um die Südspitze Afrikas herum in den Indischen Ozean führte. Die Spanier, die eigentlich eine Westpassage nach Indien erkunden wollten, landeten 1492 in Amerika. Es dauerte nicht lange, bis Lissabon Venedig als Hauptumschlagplatz für den Gewürzhandel in Europa überflügelt hatte und bis die Spanier erstaunliche neue Gewürze und essbare Pflanzen aus Amerika mitbrachten.

Im frühen Mittelalter, als Venedig den europäischen Gewürzhandel beherrschte, erhielten selbst kleine Häfen wie Riomaggiore an der Küste Liguriens Schiffsladungen mit Pfeffer von der indischen Malabarküste.

Safran *(Crocus sativus)*

Der in Persien heimische Safran wurde schon früh von arabischen Händlern im östlichen Mittelmeerraum angeboten, wo er bald ungemein begehrt war. Griechenland zählt bis heute zu den Haupterzeugern des Gewürzes. Mit den Mauren gelangte der Safran nach Marokko und Spanien; auch hier wird er immer noch angebaut und in typischen Gerichten wie Tagines und Paellas verwendet. Die Mogulen brachten das Gewürz von Afghanistan nach Indien; Kaschmir ist bis in die Gegenwart eines der wichtigsten Anbaugebiete des echten Safrans geblieben. Von Indien verbreitete er sich über Tibet nach China. Möglicherweise gehörte Safran zu den Gewürzen, die bereits viele Jahrhunderte vor Christi Geburt von phönizischen Seefahrern in Europa eingeführt wurden, aber erste Versuche eines gezielten Anbaus erfolgten zwischen dem 14. und 16. Jahrhundert, als Kreuzfahrer Safran aus Kleinasien mit in die Heimat brachten.

Da man die Narbenäste der Krokusblüten, aus denen das Gewürz gewonnen wird, von Hand ernten muss und eine Unmenge von Blüten benötigt werden, um nur ein einziges Kilogramm davon herzustellen, ist echter Safran bis heute das teuerste Gewürz der Welt geblieben. Am häufigsten wird Safran verwendet, um Reisgerichte wie dem indischen Biriyani, dem iranischen Pilaw und dem Mailänder Risotto mehr Farbe und einen zartbitteren Geschmack zu verleihen.

Solche als Feluken bezeichnete Segelboote befahren den Nil seit vielen Jahrhunderten.

Assuan

Die malerischen Stände der Händler im Souk von Assuan übertreffen alles, was sich der Tourist unter einem typischen Gewürzmarkt in einem Basar vorstellt, auch wenn der Genuss tagsüber ein wenig durch die sengende Wüstensonne, den Staub und die Fliegen getrübt wird. Am Abend jedoch, wenn die Hitze allmählich nachlässt und unzählige bunte Lichter die Dunkelheit verdrängen, kommt fast so etwas wie Jahrmarktstimmung auf. In dem Labyrinth der Gässchen und schmalen Durchgänge am Ostufer des Nils wimmelt es von Leben. Turbangeschmückte Männer in staubigen Kapuzenmänteln, den *Djellabahs;* Frauen, in lange, gold-schwarze Gewänder gehüllt und die Gesichter hinter Masken verborgen; Eselskarren, hoch mit Orangen, Tomaten und Korianderbüscheln beladen, die sich einen Weg durch die Menge bahnen; das Geschrei der Händler; das laute Feilschen; das schrille Gewimmer arabischer Musik; dazu aromatische Wolken aus Weihrauchfässern und blubbernden Wasserpfeifen – all diese Eindrücke verschmelzen zu einem stimmungsvollen Ganzen.

Besonders eifrig bieten die Gewürzhändler von Assuan den kostbaren Safran an. Sie wissen, dass die Touristen den hohen Wert von echtem Safran kennen. Und sie wissen, dass die meisten Touristen echten Safran nicht von Saflor unterscheiden können. Der Safrankrokus gedeiht nicht im Wüstenklima Ägyptens, sondern in den kühleren Gebirgstälern von Iran, Kaschmir, Spanien und Marokko. Den als Gewürz nahezu wertlosen Saflor – einen stacheligen Korbblütler, der wegen seines kräftigen Pflanzenfarbstoffs auch Färberdistel genannt wird – gibt es dagegen in der Umgebung von Assuan im Überfluss. Der Händler beginnt nun ein raffiniertes Geschacher. Da die meisten Touristen gern feilschen, bietet er ihnen zunächst eine Probe von leuchtend gelbem indischem Kurkumapulver an. Wenn sie auf dieses Geschäft nicht eingehen, zeigt er sich beeindruckt von ihrem Kennergeschmack, schiebt das Kurkumapulver als minderwertigen «sudanesischen Safran» beiseite und präsentiert stolz ein paar in einer Plastiktüte versiegelte Saflor-Narbenäste. Der niedrige Preis, den er für dieses Tütchen verlangt, entlarvt das Angebot sofort als Schwindel. «Das ist ägyptischer Safran, deshalb ist er so billig», lautet die gut einstudierte Antwort auf misstrauische Fragen. «Sie suchen Spitzenqualität – echten iranischen Safran?» Aus einer unter der Ladentheke verborgenen Dose holt er ein noch kleineres Plastiktütchen, das nur ganz wenige dunkelorange Narbenfäden enthält. Es kostet auch nur ein Pfund, und mit ungläubigem Staunen kaufen wir den Schatz, zeigen ihn unserem Schiffskoch und erfahren, dass wir ein nahezu wertloses Würzkraut zum Einlegen von Essigfrüchten erstanden haben.

ÄGYPTISCHE LINSENSUPPE

Wir waren von Luxor mit einem Schiff nach Assuan gefahren. Die Köche an Bord servierten einige vorzügliche Varianten der traditionellen ägyptischen Küche sowie mehrere Gerichte, die uns neu waren. Uns hatten es in dem breit gefächerten Speiseangebot vor allem die Linsensuppe und das Bohnenpüree angetan.

FÜR 4 PERSONEN

Für die Suppe:
175 g rote halbierte Linsen
2 TL Kreuzkümmelsamen
4 EL Olivenöl
1 große Zwiebel, in Würfel
   geschnitten
2 Knoblauchzehen, gehackt
1 mittelgroße Kartoffel, geschält und
   in Würfel geschnitten
2 Stangen Lauch, gewaschen und in
   Ringe geschnitten
2 Knollen Rote Bete, geschält und in
   Würfel geschnitten

½ l Hühnerbrühe
Saft von 1 Zitrone
Salz
frisch gemahlener schwarzer Pfeffer

Für die Garnierung:
3 EL Olivenöl
4 Knoblauchzehen, gehackt
1 TL Kreuzkümmelsamen
1 Handvoll glattblättrige Petersilie,
   gehackt

Die Linsen abspülen, bis das Wasser klar bleibt. In einer kleinen Pfanne die Kreuzkümmelsamen (für die Suppe und für die Garnitur) ohne Fett anrösten, bis sie ihr Aroma entfalten. Anschließend zu Pulver mahlen.

In einer großen Pfanne das Olivenöl erhitzen und Zwiebel und Knoblauch darin weich braten, dann 2 TL gemahlenen Kreuzkümmel hinzufügen.

Kartoffel, Lauch und Rote Bete dazugeben, gut umrühren und den Deckel auflegen. Das Gemüse bei geringer Hitze dünsten. Sobald es weich ist, Linsen und Hühnerbrühe und so viel Wasser hinzufügen, dass das Gemüse gut bedeckt ist.

Zum Kochen bringen, den Deckel auflegen und die Hitze reduzieren. Garen, bis die Linsen breiig werden. Sollte zu viel Flüssigkeit aufgesogen werden, noch etwas Wasser nachgießen. Falls sich Schaum bildet, ihn abschöpfen und wegschütten.

Die Suppe pürieren, bis sie sämig ist, und mit Zitronensaft, Salz und Pfeffer abschmecken.

Für die Garnitur 3 EL Olivenöl in einer kleinen Pfanne erhitzen und darin die Knoblauchzehen hellbraun braten. Den Rest des gemahlenen Kreuzkümmels dazugeben und ein paar Sekunden mitrösten. Suppe auf die Teller verteilen und mit Knoblauch, Kreuzkümmel und gehackter Petersilie bestreuen.

Kreuzkümmel *(Cuminum cynimum)*
Der ursprünglich aus Oberägypten und dem östlichen Mittelmeerraum stammende Kreuzkümmel oder Römische Kümmel wurde bereits in den Pharaonengräbern gefunden und wurde in der Küche der alten Griechen und Römer reichlich verwendet. In der Bibel heißt es, dass die Pflanze mit Stöcken gedroschen wird, eine Ernteform, die heute noch in Ägypten zu sehen ist. Im Westen handelten die Phönizier schon sehr früh im gesamten Mittelmeergebiet mit Kreuzkümmel, während im Osten arabische Kaufleute das Gewürz über Persien bis nach Indien brachten.

Das gemahlene Pulver gerösteter Kreuzkümmelsamen hat einen starken, ziemlich bitteren Geschmack und ist bis heute eine Hauptzutat der ägyptischen Dukkah-Würze. In der Levante wird es mit Walnüssen und Granatapfelsaft vermischt als Dip verwendet, im Iran ist es Bestandteil von Advieh, in Afghanistan von Char Masala und in Indien von Garam Masala. In Indien werden die Körner zu Beginn eines Garvorgangs geröstet (was ihnen einen nussigen Geschmack verleiht) oder nach dem Rösten Dals und Joghurtsoßen zugegeben. In Marokko und in Indien wird gemahlener Kreuzkümmel häufig mit dem süßeren gemahlenen Koriander vermischt; das ist sowohl bei Harissa wie bei Ras el-Hanout der Fall. Im 16. Jahrhundert führten Händler den Kreuzkümmel in Amerika ein, wo er heute eine gebräuchliche Zutat in mexikanischen Rezepten wie Mole-Soßen und Chili con Carne ist.

Sesam *(Sesamum indicum)*

Das Wort Sesam lässt sich über das arabische *simsim* auf das altägyptische *sem-semt* zurückführen, ein Hinweis darauf, wie lange diese Gewürzpflanze bereits bekannt ist. Die Art und Weise, in der die reifen Kapseln aufspringen und die begehrten Samen freigeben, hat zu dem Begriff «Sesam, öffne dich!» geführt, der durch das Märchen «Ali Baba und die vierzig Räuber» aus *Tausendundeiner Nacht* Berühmtheit erlangte. Über die östlichen Gewürzrouten der arabischen Handelskarawanen gelangte Sesam nach Persien, China und schließlich auch Japan, wo Sesamöl bis heute hoch geschätzt ist und die Samen in vielen pikanten und süßen Rezepten Verwendung finden. Auch in Afrika verbreitete sich Sesam im Lauf der Zeit von Osten nach Westen, ehe es an Bord von Sklavenschiffen über den Atlantik nach Amerika gelangte. Heute sind Guatemala, Mexiko und die Südstaaten der USA die Haupterzeuger von Sesam, der jedoch nach wie vor am häufigsten und einfallsreichsten in seinem Ursprungsgebiet verwendet wird. Typisch für den östlichen Mittelmeerraum ist Sesampaste oder Tahin. Sie wird entweder als Hauptgericht gegessen oder mit weiteren Zutaten vermischt – z.B. mit Kichererbsen in Hummus, mit Auberginen und Knoblauch in Baba Ghannouj, mit Zitronensaft in Tarato oder mit Sirup, Vanille und Pistazienkernen in Halva.

ÄGYPTISCHES BOHNENPÜREE

FÜR 4 PERSONEN

Für das Püree:
3 TL Kreuzkümmelsamen
4 EL Olivenöl
1 rote Zwiebel, in Würfel geschnitten
4 Knoblauchzehen, zerdrückt
2 mittelgroße Stangen Lauch, gewaschen und in Ringe geschnitten
150 g getrocknete dicke Bohnen, über Nacht eingeweicht
Saft von 1 Zitrone
1 Handvoll glattblättrige Petersilie, gehackt
1 Handvoll Koriandergrün, gehackt
Salz und schwarzer Pfeffer

Für die Garnierung:
2 EL (plus ein paar Tropfen) Olivenöl
5 Frühlingszwiebeln, in Ringe geschnitten
3 TL Sesamsamen
1 Handvoll Dill, gehackt

Zum Anrichten:
Brot, z.B. Pita

Den Kreuzkümmelsamen trocken anrösten, zu Pulver mahlen und beiseitestellen.

In einer Pfanne das Olivenöl erhitzen und Zwiebel, Knoblauch und Lauch darin weich braten. Den gemahlenen Kreuzkümmel und die abgetropften Bohnen zufügen und verrühren. Die Bohnen knapp mit Wasser bedecken und zum Kochen bringen. Dann die Hitze reduzieren und zugedeckt weitergaren, bis sie ganz weich sind.

Den Bohnenbrei mit Zitronensaft glatt pürieren. Petersilie und Koriander unterrühren, mit Salz und Pfeffer abschmecken und in eine Schüssel füllen.

Für die Garnierung Olivenöl erhitzen und darin Frühlingszwiebeln und Sesamsamen goldgelb braten. Auf das Bohnenpüree geben, mit Dill bestreuen und ein paar Tropfen Olivenöl hinzufügen. Mit Brot und gewürztem Feta (unten) servieren.

GEWÜRZTER FETA

ERGIBT 200 GRAMM

200 g Feta im Stück
je 1 TL Kreuzkümmel- und Koriandersamen, geröstet und gemahlen
1 TL Paprikapulver
1 TL frisch gemahlener schwarzer Pfeffer
Olivenöl
1 Handvoll glattblättrige Petersilie, gehackt

Den Feta in drei gleich große Stücke teilen; eines in der Kreuzkümmel-Koriander-Mischung, eines im Paprikapulver und eines im schwarzen Pfeffer wälzen. Den Käse mit Olivenöl beträufeln und mit der Petersilie bestreuen. Nach Belieben mit Oliven, Gurkenwürfeln, Tomaten, frischer Minze und roten Zwiebeln servieren.

Kairo

Im Laufe des 14. und 15. Jahrhunderts entwickelte sich Kairo zum bedeutendsten Zentrum des Gewürzhandels im östlichen Mittelmeerraum. Die Mamelucken, die Ägypten 1250 erobert hatten, erneuerten das Kanalsystem des einstigen Pharaonenreiches, das den Nil mit dem Roten Meer verband. Durch die Kontrolle der Wasserstraßen konnten die Mamelucken-Sultane im Zusammenwirken mit venezianischen Kaufleuten ein Monopol für den Gewürztransport zwischen der Mittelmeerregion und dem indischen Subkontinent in beide Richtungen aufbauen. Kairo wie Venedig sammelten durch diesen Handel, der Kaufleute aus fernen

Ländern anzog, immensen Reichtum an. Mit den hohen Gewinnen aus dem Gewürzgeschäft errichteten die Mamelucken die meisten der prächtigen Moscheen und Souks, die man heute in Kairo bewundern kann.

Die Souks von Kairo, darunter das riesige Labyrinth von Khan el-Khalili, besitzen immer noch geschäftige Gewürzmärkte. Sie vermitteln einen Eindruck von der Warenvielfalt, die zur Blütezeit des ägyptischen Gewürzhandels angeboten wurde: Säcke mit Rinden, Wurzeln, Blättern, Samenkörnern und Nüssen aus dem Fernen Osten, Safran aus Persien, süße Filoteig-Pasteten aus der Türkei, getrocknete Hibiskusblüten, Kreuzkümmel und Koriander aus dem Niltal und Gläser mit scharfen Chili-Pasten und -Soßen von jenseits des Atlantiks.

In den Souks findet man Oasen der Ruhe in Form von schäbigen Cafés, wo niemand die Gäste zur Eile drängt, wenn sie ihre winzigen Tässchen starken schwarzen Kaffee mit Sirup und Kardamom trinken und dazu – ein Erbe der Osmanen-Zeit – Melassetabak in blubbernden Shesha-Wasserpfeifen rauchen. Kleine Straßenküchen liefern einen schnellen Imbiss: frisch ausgebackene Felafel in Pitabrot, garniert mit Pickles und cremigem Tahin-Dressing, rosa gefärbt durch Rote Bete. Eine uralte Würze, die in keiner ägyptischen Küche fehlen darf, ist Dukkah (arabisch für «zerstampfen»). Sie besteht aus gerösteten Kreuzkümmel-, Koriander-, Sesam- und Schwarzkümmelsamen, die mit Salz, Pfeffer, Nüssen und Minze zu einer Paste zerstoßen und in spitzen Papiertüten von den Kairoer Gewürz-Souks mit nach Hause genommen wird.

VORHERGEHENDE SEITE: Die großen Moscheen, die von den Mamelucken errichtet wurden, prägen die Silhouette von Ägyptens Hauptstadt Kairo.

UNTEN: Einer der vielen Gewürzstände im Kairoer Basar Khan el-Khalili.

Schwarzkümmel *(Nigella sativa)*

Der in der Levante heimische Schwarzkümmel trägt in Ägypten die Bezeichnung *habbet el beraka* oder «Samen der Anmut». In Ägypten streut man ihn meist aufs Brot, eine Gewohnheit, die vom Vorderen Orient bis nach Nordindien verbreitet ist.
Heute wird Schwarzkümmel hauptsächlich in Indien angebaut. Besonders beliebt ist das Gewürz im östlichen Bundesstaat Bengalen, wo es auch zu den fünf Zutaten von Panch Foron (Fünfgewürzmischung) gehört. Im übrigen Indien wird es zum Würzen von Pickles, Dals und Gemüsegerichten verwendet oder auf Naan-Brot gestreut.

MARINIERTER SEEBARSCH

In einem der besseren Restaurants von Khan el-Khalili genossen wir diesen marinierten Seebarsch in einer mit Knoblauch und vielerlei Gewürzen abgeschmeckten Soße. Das Rezept sieht kompliziert aus, ist aber in Wahrheit recht einfach – und unbedingt die Mühe wert!

FÜR 4 PERSONEN

4 Seebarschfilets à ca. 200 g
Olivenöl
Mehl

Für die Marinade:
4 EL Olivenöl
Saft von 1 Zitrone
3 Knoblauchzehen, gehackt
1 EL weißer Weinessig
Salz und schwarzer Pfeffer

Für die Soße:
4 EL Olivenöl
1 große Zwiebel, in feine Ringe geschnitten

3 Knoblauchzehen, gehackt
¼ TL Gewürznelken
1 TL Koriandersamen
1 TL Kreuzkümmelsamen
1 TL Fenchelsamen
½ TL geriebene Muskatnuss
1 EL Tomatenmark
1 TL flüssiger Honig
2 Lorbeerblätter
1 TL getrockneter Oregano
1 TL getrockneter Thymian
500 g Tomaten, püriert
Salz und schwarzer Pfeffer
gehackte Petersilie

Die Zutaten für die Marinade vermischen, über die Fischfilets gießen und 1 Stunde im Kühlschrank ziehen lassen.

In der Zwischenzeit die Tomatensoße zubereiten. Dazu das Olivenöl in einem Topf erhitzen und Zwiebel und Knoblauch darin weich braten. Dann Nelken, Koriander, Kreuzkümmel- und Fenchelsamen ohne Fett anrösten, bis sie ihr Aroma entfalten, und anschließend zu Pulver mahlen. Zusammen mit Muskat zu der Zwiebel-Knoblauch-Mischung geben und gut verrühren.

Tomatenmark, Honig, Lorbeer, Oregano, Thymian und pürierte Tomaten dazugeben und zum Kochen bringen. Die Hitze reduzieren und köcheln lassen, bis die Flüssigkeit fast verdampft ist.

Die Fischfilets aus der Marinade nehmen und die Marinade in die Tomatensoße gießen. Die Soße mit Salz, schwarzem Pfeffer und mit gehackter Petersilie würzen und weiter leise köcheln lassen, bis die Fischfilets fertig gebraten sind.

Die Fischfilets im Mehl wälzen und dann in einer Pfanne goldbraun braten.

Sofort auf der Tomatensoße servieren. Als Beilage eignet sich gekochter und mit Safran aromatisierter Reis.

Türkei

Wer sich mit den Spezialitäten der türkischen Küche befasst, sollte bedenken, dass die Türken nicht immer in der heutigen Türkei lebten. Lange vor der Ankunft türkischer Stämme war die Region Teil des Griechischen, Römischen und Byzantinischen Reiches. Bis zum 10. Jahrhundert wurde hier vermutlich ähnlich gekocht wie im übrigen Mittelmeerraum, mit Gewürzen, die über die Karawanenstraßen oder auf dem Seeweg über das Rote Meer auf die Märkte der griechischen Stadt Byzanz, dem heutigen Istanbul, gelangten.

Die Türken waren ursprünglich ein Nomadenvolk aus den Sumpfgebieten um Xinjiang (heute Teil von China). Sie ernährten sich ähnlich wie die heute noch dort lebenden Volksstämme von Stutenmilch, Pferdefleisch und ungesäuertem Brot. Als sie gegen Ende des 1. Jahrtausends n. Chr. westwärts zogen, kamen sie mit der hoch entwickelten Zivilisation des islamischen Persien in Kontakt. Sie ließen sich rasch zum Islam bekehren und nahmen Anleihen bei der persischen Sprache, Kultur und Küche.

Seit dem 14. Jahrhundert wurden die Türken von osmanischen Sultanen regiert. Auf dem Höhepunkt seiner Macht im 17. Jahrhundert umfasste das Osmanische Reich Kleinasien (die heutige Türkei), Ägypten und einen Großteil der nordafrikanischen Küstenregion, Griechenland, den Balkan und sogar Ungarn. In den Küchen des Topkapi-Serails, dem Palast der osmanischen Sultane in Konstantinopel, gelangte die türkische Kochkunst zu neuer Blüte.

Der Ägyptische Basar oder Gewürzbasar in Istanbul hat sich bis heute erhalten. Wenn man ihn durch die schweren Eisentore vom Eminonu-Platz aus betritt, fällt nur schwaches Tageslicht durch die hohen Fenster des kuppelartigen Deckengewölbes, doch die einzelnen Stände sind mit elektrischen Scheinwerfern beleuchtet, die ein grelles Licht auf die hoch getürmten *Baharat* (Gewürze) werfen – einige vertraut, andere von weit her und manche so exotisch, dass man nicht einmal ihre Namen kennt. Und obwohl auch hier immer mehr Touristenläden Einzug halten, ist der Gewürzmarkt weit ursprünglicher geblieben als etwa der Große Basar von Istanbul, wo amerikanische Bluejeans und Elektrogeräte weit häufiger anzutreffen sind als türkische Erzeugnisse.

Die Ruinen der antiken Stadt Hierapolis ragen über Pamukkale nahe der türkischen Ägäisküste auf.

Türkischer Pilaw

TÜRKISCHER PILAW

Diesen türkischen Pilaw aßen wir auf einer Reise, die uns von Istanbul nach Pamukkale führte. Ganz in der Nähe dieses malerisch gelegenen Dörfchens befinden sich die weltberühmten Sinterterrassen – schneeweiße Kalkablagerungen, über die warmes Quellwasser zu Tal sprudelt.

FÜR 4–6 PERSONEN

150 g grüne Linsen, über Nacht in Wasser eingeweicht
150 g Bulgur (Weizenschrot)
60 g Korinthen
3 TL Koriandersamen
½ TL Gewürznelken
½ TL gemahlener Kardamom
Salz und schwarzer Pfeffer
2 EL Olivenöl
60 g Pinienkerne
3 Hühnerbrüste, Haut entfernt, in dünne Streifen geschnitten und mit Salz und Pfeffer gewürzt

60 g Butter
3 mittelgroße Möhren, gewürfelt
1 große rote Zwiebel, gewürfelt
150 ml Hühnerbrühe
2 Handvoll glattblättrige Petersilie, gehackt
1 Handvoll Koriandergrün, gehackt

Als Beilage:
½ l Joghurt
1 Handvoll frische Minzeblätter, gehackt
Salz und schwarzer Pfeffer

Die Linsen in einem Sieb abtropfen lassen, in einen Topf geben, mit frischem Wasser bedecken und zum Kochen bringen. Dann die Hitze reduzieren und die Linsen weich garen.

Inzwischen den Bulgur und die Korinthen in eine Schüssel geben und knapp mit kochendem Wasser bedecken. Etwa 10 Minuten zum Ausquellen stehen lassen.

Die Koriandersamen und Nelken trocken anrösten, bis sie ihr Aroma entfalten, dann zu Pulver mahlen. Mit den übrigen Gewürzen vermischen und beiseitestellen.

Im Wok (oder in einer großen Pfanne) das Olivenöl erhitzen. Die Pinienkerne hineingeben und unter häufigem Rühren goldgelb rösten. Aus dem Öl nehmen und beiseitestellen. Anschließend die Hühnerbruststreifen in dem Wok goldbraun braten.

Die Butter hinzufügen und zerlassen, dann Möhren und Zwiebel dazugeben und weich garen. Nach und nach die Gewürzmischung, die gekochten und abgetropften Linsen, den Bulgur mit Korinthen und die Hühnerbrühe hinzufügen. Gut umrühren, den Deckel auflegen, die Hitze reduzieren und 5 Minuten sanft köcheln lassen. Zum Schluss die Petersilie hinzufügen. – Den Hühner-Pilaw in eine große Schüssel füllen und mit Koriander und Pinienkernen bestreuen. Sofort servieren. Als Beilagen Joghurt, den man mit Minzeblättern, Salz und Pfeffer gewürzt hat, sowie einen knackigen grünen Salat reichen.

Pelion

Die Halbinsel Magnesia mit dem waldreichen Pelion-Gebirge schiebt sich ins Ägäische Meer hinaus und umschließt in einem weiten Bogen den stillen Pagasäischen Golf. In ihrem Schutz liegt die Hafenstadt Vólos, die seit der Antike von Handelsschiffen angelaufen wird. Von hier aus stach Jason mit den Argonauten in See, um das Goldene Vlies heimzuholen. Der Pelion galt als Sommersitz der olympischen Götter. Bis vor Kurzem gab es keine Straßen auf der Halbinsel, und der Mangel an Straßen und das bergige Terrain trugen dazu bei, dass das Pelion-Gebiet während der osmanischen Besetzung relativ autonom blieb und die einheimischen Kaufleute weiterhin mit Alexandria und Kairo Handel trieben anstatt mit Istanbul – bis auch Ägypten in die Hände der Osmanen fiel.

Die Küche des Pelion bietet einige schmackhafte Abwandlungen typisch griechischer Gerichte. So denken wir mit Vergnügen an ein Mittagessen zurück, das mit einem einheimischen Schnaps namens Tipouro begann, einer schweren, urigen Variante des normalerweise eher frisch schmeckenden Ouzo, der in schlichten kleinen Glasflaschen auf den Tisch kam und zu dem Schälchen mit eingelegten Gebirgskräutern namens Tsitsiravla gereicht wurden. Es folgte ein Festschmaus. Zuerst gab es frisch überbackenes Käsebrot zu Bohnensuppe mit Möhren, Bleichsellerie und Kräutern, dann frittierte Käse- und Kartoffelküchlein zu einem Rohkostsalat aus gehobelten Möhren, Weißkohl und Paprikaschoten, angemacht mit Knoblauch, Chili, Petersilie und viel Olivenöl. Der Hauptgang hieß Spetzofai – ein Gericht aus scharf gewürzter Wurst, Auberginen und Paprikaschoten in Tomatensoße, das wir während unseres Aufenthalts noch in vielen Abwandlungen vorgesetzt bekamen.

In Agios Georgios wohnten wir in einer erst kürzlich renovierten Prachtvilla aus dem 19. Jahrhundert. Sie gehörte einem Kaufmann namens Arhontiko Ioannidi, der wie die meisten Händler der Region sein Vermögen mit der Ausfuhr von Äpfeln, Oliven, Bohnen und Esskastanien nach Ägypten gemacht hatte, alles Dinge, die im Überfluss an den Berghängen des Pelion gedeihen. Einheimische Künstler hatten die Decken der Villa mit Motiven aus der ägyptischen und griechischen Mythologie ausgeschmückt, darunter auch mit einem Gemälde von Hermes, dem Gott des Handels. Die engen Handelsbeziehungen zu Ägypten sind wohl auch die Erklärung dafür, dass in alten Familienrezepten für gewürztes Olivenöl, Kräuteressig oder Eingemachtes oft fernöstliche Zutaten wie Zimt, Muskatnuss und Nelken auftauchen.

In den Hügeln oberhalb von Vólos entdeckten wir einen blühenden Kleinhandel

Koriander *(Coriandrum sativum)*

Der ursprünglich an den Küsten des östlichen Mittelmeers und im Nahen Osten verbreitete Koriander war schon im alten Ägypten als Heilpflanze und Küchengewürz geschätzt. Den Griechen der Antike diente er zum Würzen von Wein, den römischen Legionären als Brotzusatz. Wie Kreuzkümmel gelangte Koriander mit phönikischen Seefahrern bis nach Marokko im Westen und über die ältesten Gewürzrouten bis nach Indien im Osten. Die gefiederten Korianderblätter sind auch heute noch in der Küche des Vorderen Orients so beliebt, dass man sie oft als «arabische Petersilie» bezeichnet. Beim Kochen finden Samen, Blätter und Wurzeln der Korianderpflanze Verwendung. In Europa und Nordafrika werden die gemahlenen Samen, die ein süßes, schwach zitronenartiges Aroma haben, zu Gewürzmischungen verarbeitet, während in Asien vor allem die Blätter beliebt sind. In Indien ist gemahlener Koriander ein wichtiger Bestandteil von Garam Masala, wobei die ganzen Samen zu Beginn des Garens geröstet werden. Die zerstampften Wurzeln dienen in Indien wie in Thailand zum Eindicken von Eintöpfen und Currygerichten. In Amerika verwendet man mit Vorliebe Korianderblätter, die auch unter der Bezeichnung Cilantro bekannt sind.

mit Gewürzen und Kräutern. Die engen gepflasterten Gassen von Makrinítsa sind gesäumt von Ständen, in denen neben abgepackten Kräutern, Gewürzen und Blütenblättern Gläser mit eingemachten Esskastanien und Feigen zum Verkauf angeboten werden. Alle Wege führen zu einem Platz mit mehreren Tavernas, die einen herrlichen Panoramablick auf das Städtchen bieten. Hier aßen wir eine besonders schmackhafte Spetzofai-Version und ein köstliches Melitzana – ein Püree aus Auberginen, Knoblauch und Olivenöl. Auch der Griechische Salat mit in einer Kräutermarinade eingelegtem Feta und fleischigen Vólos-Oliven war ein Gedicht.

RECHTS: Basilikum wird hier häufig für den Eigenbedarf in Töpfen gezogen.

UNTEN: Der Pagasäische Golf bietet Schiffen seit dem Altertum Schutz.

PELION-SPETZOFAI

Statt der scharfen Würste in diesem Rezept kann man spanische Chorizos verwenden, die man bei uns in großen Supermärkten und in Delikatessläden findet.

FÜR 4 PERSONEN

6 EL Olivenöl

4 Knoblauchzehen, gehackt

1 große rote Zwiebel, klein gewürfelt

2 rote Paprikaschoten, in Streifen geschnitten

2 kleine Auberginen, gewürfelt

Salz

2 TL Paprikapulver

1 ½ TL Fenchelsamen

1 TL getrockneter Oregano

2 rote Chilischoten, gehackt

175 g scharf gewürzte Würste, in Würfel geschnitten

400 g Tomaten, püriert

1 EL Tomatenmark

Das Olivenöl in einem großen Topf erhitzen. Knoblauch, Zwiebel und Paprikaschoten darin weich braten. Die Auberginen hinzufügen und mit etwas Salz bestreuen. Weitergaren, bis alle Zutaten weich sind. Paprikapulver, Fenchelsamen, Oregano, Chilischoten und die Wurst dazugeben.

Alles gut vermischen. Dann die pürierten Tomaten und das Tomatenmark unterrühren und etwas Wasser hinzufügen. Zum Kochen bringen, dann die Hitze reduzieren und zugedeckt weiterköcheln lassen, bis ein Teil der Flüssigkeit verdampft und die Soße eingedickt ist. Mit Griechischem Salat (unten) und knusprigem Brot servieren.

GRIECHISCHER SALAT À LA PELION

FÜR 4 PERSONEN

½ Romanasalat, in Streifen geschnitten

1 Handvoll Dill, gehackt

2 mittelgroße Möhren, geraspelt

1 rote Paprikaschote, in feine Streifen geschnitten

¼ kleiner Rotkohl, fein geschnitten

1 Handvoll glattblättrige Petersilie, gehackt

1 Handvoll frische Minzeblätter, gehackt

250 g Feta

150 g schwarze Oliven

Für das Dressing:

2 Knoblauchzehen, zerdrückt

2 rote Chilischoten, fein gehackt

6 EL Olivenöl

Saft von 2 Zitronen

1 TL getrockneter Oregano

Salz und schwarzer Pfeffer

Die Salatstreifen und den Dill in einer Salatschüssel vermengen. Geraspelte Möhren, Paprika- und Rotkohlstreifen, Petersilie und Minze vermischen und auf dem Salat anrichten. Feta und Oliven hinzufügen. Die Dressingzutaten verrühren und über den Salat gießen.

Griechischer Salat à la Pelion

Korfu

Die Ionischen Inseln vor Griechenlands Westküste boten bequeme Anlegeplätze für die venezianische Handelsflotte, die mit Gewürzladungen von den Häfen Ägyptens und der Levante zurückkehrte. Das Erbe dieser Vergangenheit sind die Olivenhaine, die heute noch die Landschaft der Inseln prägen, sowie das geschäftige Kérkira (Korfu), die Hauptstadt der gleichnamigen Insel. Jeden Vormittag findet im Schatten der Festung – die immer noch das in Stein gehauene Wappen Venedigs trägt – ein Markt im Freien statt, auf dem lose Gewürze, frische Kräuter, wilde Johannisbeeren, Berge von Oliven und lokale Delikatessen wie Zucchiniblüten angeboten werden.

In Strinilas nahmen wir in einem Café auf dem Dorfplatz einen Mittagsimbiss ein. Wir bestellten *Mezédes*, kleine Snacks, mit Auberginen vom Holzkohlegrill und eingelegten Chilischoten, und erhielten danach ein Hauptgericht, das himmelweit von den lauwarmen Moussakas entfernt war, die man so häufig als Tourist vorgesetzt bekommt. Noch raffinierter schmeckte der Fisch, den wir in Kérkira genossen: Streifenbarbe mit einer aromatischen Fenchelfüllung.

MIT FENCHEL GEFÜLLTE STREIFENBARBEN

FÜR 4 PERSONEN

2 EL Bockshornkleesamen
60 g Butter
2 Knoblauchzehen, zerdrückt
1 große rote Zwiebel, in Ringe
    geschnitten
3 Fenchelknollen, in Ringe geschnitten

Salz und schwarzer Pfeffer
4 ganze Streifenbarben à ca. 300 g,
    geschuppt und ausgenommen
3 EL Olivenöl
Saft von 2 Zitronen

Den Backofen auf 180 °C vorheizen. Die Bockshornkleesamen trocken anrösten, bis sie ihr Aroma entfalten, anschließend zu Pulver mahlen.

In einer Bratpfanne Butter zerlassen und Knoblauch, Zwiebel und Fenchel darin weich braten. Den Bockshornkleesamen hinzufügen und mit Salz und Pfeffer abschmecken. Gut umrühren und von der Herdplatte nehmen.

Die Streifenbarben auf ein großes Backblech legen, mit dem Fenchelgemisch füllen und die Öffnung leicht zudrücken. Die Fische mit Olivenöl und Zitronensaft überziehen und mit Salz und Pfeffer würzen. Mit Alufolie bedecken und für 15 Minuten in den vorgeheizten Backofen stellen. Die Folie abnehmen und weitere 15 Minuten backen. Als Beilage Butterkartoffeln mit frischer Minze reichen.

Bockshornklee

(Trigonella foenum graecum)

Da Bockshornklee sowohl im östlichen Mittelmeerraum wie in Asien zu Hause ist, musste er nicht erst über die Gewürzrouten verbreitet werden. Die Griechen bauten Bockshornklee früher als Viehfutter an (weshalb er auch als «griechisches Heu» bezeichnet wurde) und verwenden die Samen heute noch gern als Fischgewürz. In Indien werden die Samen entweder zu Beginn des Garprozesses in heißem Öl geröstet oder zu Pulver gemahlen Gewürzmischungen beigefügt. Da die Samen von Bockshornklee viele Proteine, Mineralstoffe und Vitamine enthalten, sind sie in ländlichen Gebieten, wo die Armut die Bewohner zu einseitiger Kost zwingt, besonders wertvoll. Die jungen Blätter von Bockshornklee dienen in Indien und Pakistan – wo man sie unter dem Namen Meti kennt – als Aromazusatz für Fleisch-, Geflügel-, Gemüse- und überbackene Käsegerichte. In Äthiopien ist Bockshornklee Bestandteil einer Gewürzmischung namens Berbere.

Mit Fenchel gefüllte Streifenbarben

Pantelleria

Wenn der Wind warm von Afrika herüberbläst, gerät die Schickeria, die hier Ferien macht, meist ein wenig in Panik. Der Schirokko sammelt seine Kräfte im Feuerofen der Sahara, rast nach Norden und wälzt sich heiß und trocken über das Mittelmeer hinweg. Das erste Stück Land, das er überfällt, ist Pantelleria, eine Wüsteninsel in Sichtweite vom tunesischen Kap Bon, die jedoch zum etwas weiter entfernten Italien gehört.

Pantelleria lag bereits gut 1000 Jahre vor der Zeitenwende auf den mediterranen Handelsrouten der Phöniker. Die Mauren, die das Eiland zwischen dem 10. und 14. Jahrhundert in Besitz nahmen, nannten es Bent el-Rhia oder «Tochter der Winde». Aber der Schirokko ist ähnlich wie der böige Mistral im Süden Frankreichs nur ein gelegentlicher Gast. Die meiste Zeit des Jahres kann man auf Pantelleria Wärme, Trockenheit und Sonne genießen. Ob das Wetter gut oder schlecht ist, bestimmen einzig und allein die Winde. An guten Tagen, und davon gibt es viele, ist die Insel mit ihren malerischen maurischen Bauwerken, dem kristallklaren Meer und der schroffen Vulkanlandschaft im Landesinnern eines der reizvollsten exotischen Ziele in ganz Europa. An schlechten Tagen bleiben die Leute in ihren Häusern. Während unseres Aufenthalts erhielten wir ständig düstere Warnungen vor einem drohenden Schirokko, vor allem dann, wenn wir zu Dinnerpartys eingeladen waren. Aber er kam nie, und so wissen wir bis heute nicht, ob der Wind tatsächlich die berüchtigten Nervenzusammenbrüche hervorruft oder nicht.

Strenge Auflagen der Baubehörden haben dazu beigetragen, den arabischen Charme von Pantelleria zu erhalten. Abseits der Inselhauptstadt, die direkt am Meer liegt, sind die meisten Häuser noch im traditionellen Stil arabischer *dammusi* errichtet, mit dicken Mauern aus schwarzem Vulkangestein und weiß gekalkten Kuppeldächern.

Einige großartige Naturwunder sind das Erbe der heftigen Vulkantätigkeit, die Pantelleria einst entstehen ließ. Vom 836 Meter hohen Gipfel der Montagna Grande hat man eine atemberaubende Sicht über die ganze Insel bis nach Afrika hinüber. Auf dem Weg nach unten verließen wir in der Nähe des Dorfes Siba den Wagen und gingen ein Stück zu Fuß weiter. An einem Felsüberhang gibt es mehrere mit heißem Wasserdampf gefüllte Höhlen, die eine natürliche Sauna bilden. Wir zogen uns aus und ließen den Dampf in alle Poren dringen. Danach fühlten wir uns entspannt und wie neugeboren. Als wir wieder ins Freie traten, kam uns der heiße Tag plötzlich erfrischend kühl vor. Es gibt noch mehr vulkanische Aktivitäten entlang der Küste. So sprudeln bei Gadir heiße Quellen in natürlichen Felswannen, und einige ergießen sich bei Punto Nika sogar unter Wasser ins Meer.

Anis *(Pimpinella anisum)*
Die ovalen, aromatischen Samen der Anispflanze, die eng mit Kreuzkümmel und Fenchel verwandt ist, spielten im frühen Handel mit ihrem Ursprungsgebiet, der Levante, eine große Rolle. Phönikische Seefahrer waren vermutlich die Ersten, die sie im Mittelmeerraum verbreiteten. Als Hauptaroma der Nationalgetränke Ouzo und Raki ist Anis aus dem Alltag Griechenlands und der Türkei nicht mehr wegzudenken. Aber auch in Spanien, Portugal, Deutschland und Italien schätzt man das Gewürz in Eintöpfen, Suppen, Brot, Plätzchen und Süßspeisen. Afghanen und Inder benutzen die Samen gern, um den Atem zu erfrischen. Auf dem indischen Subkontinent ist Anis außerdem Bestandteil einiger Gewürzmischungen. Und in Großbritannien entgehen nur wenige Kinder dem zweifelhaften Vergnügen von Aniskugeln.

Am Meeresufer nahe der schönen Vulkanlandschaft Gala dei Cinque Denti, ein Stück unterhalb unseres Dammuso, hielten wir wie andere Besucher ein Picknick ab: Wir gossen Olivenöl in kleine, schüsselförmige Felsvertiefungen, die von Meersalzkrusten umgeben sind, und tunkten frisches Brot ein.

Die Inselbewohner ernten unter anderem Oliven, die hier an Krüppelbäumen gedeihen: Die jungen Stämme werden mit Felsbrocken beschwert, damit sie dicht über dem Boden wachsen und so besser vor den salzhaltigen Winden geschützt sind. Die Zibebo-Trauben, die in geschützten Hanglagen reifen, werden entweder zu Pantescho, einem fruchtigen Weißwein, verarbeitet oder zu Rosinen getrocknet, aus denen dann der stärkere goldgelbe Passito-Wein entsteht.

Die miteinander verbundenen, weiß gekalkten Dächer der «Dammusi» von Pantelleria fangen das Regenwasser auf und leiten es weiter zu unterirdischen Vorratsbehältern.

GEBACKENER SEETEUFEL MIT KAPERN, PETERSILIE UND THYMIAN

FÜR 4 PERSONEN

125 g salzig eingelegte Kapern
2 große Knoblauchzehen, gehackt
4 EL Olivenöl
Saft und Schale von 1 unbehandelten
   Zitrone
2 EL trockener Weißwein

1 Handvoll glattblättrige Petersilie,
   gehackt
8 frische Thymianzweige
4 Seeteufelfilets à ca. 200 g
4 Butterflöckchen

Den Backofen auf 200 °C vorheizen. Die Kapern unter fließendem Wasser abspülen und mit Küchenpapier trocken tupfen, dann mit Knoblauch, Olivenöl, Zitronensaft und -schale, Weißwein, Petersilie und Thymian vermischen. Die Fischfilets in eine feuerfeste Form legen und mit der Soße übergießen. Auf jedes Filet ein Butterflöckchen setzen und dann 20 Minuten im Backofen garen.

KAPERN-OLIVEN-TAPENADE

FÜR 4 PERSONEN

175 g salzig eingelegte Kapern
175 g entsteinte schwarze Oliven
2 Knoblauchzehen, gehackt
1 TL getrockneter Oregano

1 rote Chilischote, gehackt
schwarzer Pfeffer
6 EL Olivenöl

Die Kapern unter fließendem Wasser abspülen und mit Küchenpapier trocken tupfen. Alle Zutaten im Mixer grob zerkleinern. Die Tapenade in ein Glas füllen, mit Öl bedecken und im Kühlschrank aufbewahren, wo sie viele Wochen haltbar bleibt.

MIT WÜRZIGER TAPENADE GEFÜLLTE PAPRIKA

FÜR 4 PERSONEN

4 rote Paprikaschoten
4 Knoblauchzehen, gehackt

Kapern-Oliven-Tapenade (oben)
Olivenöl

Backofen auf 200 °C vorheizen. Die Paprikaschoten halbieren und die Samen entfernen. Auf ein Backblech legen, mit Knoblauch und Tapenade füllen und eine Stunde lang backen. Dieses Gericht passt vorzüglich zu dem Seeteufel-Rezept oben.

Kapern *(Capparis spinosa)*
Kapern sind die grünen essbaren Knospen eines dornigen, winterharten Hängestrauchs, der im Mittelmeerraum gedeiht. Die Knospen werden stets unreif gepflückt und in Essig (manchmal auch in Öl oder Salz) eingelegt. Im Gegensatz zu anderen Gewürzen der Region wie Fenchel und Kreuzkümmel können Kapern nicht getrocknet werden und spielten deshalb im frühen Fernhandel kaum eine Rolle. Rund um das Mittelmeer aber sind sie immer noch sehr beliebt, ganz besonders zu Fisch und Meeresfrüchten.

Gebackener Seeteufel mit Kapern, Petersilie und Thymian und mit würziger Tapenade gefüllte Paprika

Kampanien

In einem Mohnfeld bei Paestum, an der Cilento-Küste Kampaniens in Süditalien, stützen mächtige sandfarbene Säulen in perfekter Symmetrie die Überreste eines griechischen Poseidontempels aus dem 5. Jahrhundert v. Chr. Paestum war ein viel besuchtes Handelszentrum von Magna Graecia, dem griechischen Siedlungsraum in Italien, der die meisten Gebiete südlich von Neapel sowie ganz Sizilien umfasste. Die Verwendung von Fenchelsamen aus den östlichen Küstenregionen des Mittelmeers und Pfeffer von der Malabarküste Indiens – heute Zutaten, die in keiner italienischen Küche fehlen – geht auf jene Blütezeit des Handels in Großgriechenland zurück. Und obwohl Fenchel in Italien ebenfalls im Überfluss gedieh, waren es doch die Griechen, die seine Samen als Gewürz einführten.

Gleich unterhalb von Paestum liegt das Dorf Castellabate, wo wir im Belvedere-Restaurant des Palazzo Belmonte unter freiem Himmel saßen und uns diese raffiniert mit Weißwein, Weinbrand und Fenchelsamen zubereiteten Garnelen schmecken ließen.

RIESENGARNELEN MIT TOMATEN, FENCHELSAMEN UND COGNAC

Für 4–6 Personen

1 Zwiebel, fein gehackt	Salz und Pfeffer nach Geschmack
4 Knoblauchzehen, fein gehackt	1 TL Fenchelsamen
2 EL Butter	200 g Passata (Tomatensoße)
500 g Riesengarnelen	2 EL Crème fraîche
⅛ l Weißwein	abgeriebene Schale einer
2 EL Cognac oder Weinbrand	unbehandelten Zitrone
1 Handvoll Petersilie, gehackt	

In einer großen Pfanne Zwiebel und Knoblauch in Butter anbraten. Die Garnelen hinzufügen und auf beiden Seiten 2 Minuten braten.

Mit Weißwein und Cognac ablöschen, Petersilie, Salz und Pfeffer dazugeben und so lange weiterköcheln, bis der Alkohol verdunstet ist. Dann die Fenchelsamen und die Passata mit ⅛ l Wasser hinzufügen und etwa 15 Minuten ziehen lassen.

Vor dem Auftragen die Crème fraîche und die mit etwas Wasser verrührte Zitronenschale vermischen und über die Garnelen geben.

Riesengarnelen mit Tomaten, Fenchelsamen und Cognac

Der indische Subkontinent

Obwohl es im Norden des indischen Subkontinents mehrere Gewürzrouten durch das Land gab, ist der Seehandel im Süden von größerer historischer Bedeutung. Die Häfen entlang der Malabarküste (die etwa von Goa, dem heutigen Panaji, südwärts bis Kap Comorin reicht), vor allem jene ganz unten in Kerala, hatten den stärksten Einfluss auf die Handelsrouten des Altertums. Schon früh knüpften ägyptische, römische und chinesische Seefahrer auf der Suche nach Pfeffer und Zimt Handelskontakte zu Südindien und Sri Lanka. Als die Araber im 1. Jahrhundert n. Chr. entdeckten, dass sich die jahreszeitlich wechselnden Passatwinde zuverlässig vorhersagen ließen, konnten sie die Segelzeit zwischen dem östlichen Mittelmeer und der Malabarküste auf etwa zwei Monate verkürzen. Günstige Winde brachten die Malabarhändler auch nach Osten in den Golf von Bengalen und weiter in die Javasee.

Jahrhundertelang waren die Häfen der Malabarküste Dreh- und Angelpunkt des Welthandels, nicht nur weil sie sich nahe an der einzigen Pfefferregion befanden, sondern auch weil sie als Umschlagplätze für zahlreiche Gewürze und andere Güter zwischen Ost und West dienten. Und mit dem Warenaustausch kam es ganz von selbst zu einer gegenseitigen kulturellen Befruchtung. Die Hochkulturen der Khmer in Kambodscha (den Erbauern von Angkor Wat), der Shailendra-Dynastie in Indonesien (sie schufen die Tempelanlage von Borobudur) und des Majapahit-Königreichs im Osten Javas (auf das die Tempeltänze von Bali zurückgehen) blickten alle nach Südindien.

Juden, Christen, Araber, Gujarati, Jaina, Perser und Chinesen errichteten eigene Handelsniederlassungen entlang der Malabarküste und sorgten für einen Ausbau der Gewürzrouten auf dem Landweg und zu Wasser. Die Hindu-Dynastien, die im ersten Jahrtausend n. Chr. und darüber hinaus über die wohlhabenden Regionen Südindiens herrschten, machten alle ausgiebigen Gebrauch von den Gewürzen der Malabarküste.

Die seit römischen Zeiten existierenden Schiffsverbindungen zwischen den Malabarhäfen und China waren gut erschlossen, als im 13. Jahrhundert Kublai Khan an die Macht gelangte. Dessen Gesandter Marco Polo, der den gesamten Fernen Osten bereiste, hielt sich auch eine Weile in Indien auf. Die Ankunft von

LINKS: Diese Pilger baden in einem Nebenfluss des Ganges. Sonepur im Bundesstaat Bihar, wo das Ereignis einmal im Jahr stattfindet, ist außerdem Schauplatz des Hathi-Basars, des größten Elefantenmarktes in ganz Indien.

VORHERGEHENDE SEITE: Zehntausende von Pilgern strömen seit alters zu den Melas oder religiösen Festen. Diese Rajput-Pilger haben sich in der Wüstenoase Pushkar in Rajasthan versammelt, um bei Vollmond ein heilbringendes Bad zu nehmen.

OBEN: Wie diese Wandmalerei in Shekhawati (Rajasthan) symbolisiert, haben Eisenbahnen mehr und mehr die Kamelkarawanen ersetzt, die einst auf den Gewürzstraßen die Wüste durchquerten.

RECHTS: Eine der ältesten Gewürzrouten, die durch den Karakorum und über die Barriere des Himalaja führte, verband China und Zentralasien mit dem Indusgebiet und den Häfen des Arabischen Meeres. Das hier abgebildete Hunza-Tal befindet sich nahe der heutigen Grenze zwischen China und Pakistan.

Handelsschiffen aus Europa – die Portugiesen machten im 15. Jahrhundert den Anfang, gefolgt von den Niederländern im 17. und den Briten im 18. Jahrhundert – trug nur dazu bei, die Unabhängigkeit der Gewürzlieferanten aus Kerala zu stärken und zu bestätigen. Noch im 16. Jahrhundert machte indischer Pfeffer über siebzig Prozent des Welthandels in Gewürzen aus.

Das im 17. Jahrhundert erbaute Taj Mahal mag das berühmteste Baudenkmal der Mogulherrschaft in Indien sein; für die meisten Bewohner der indischen Nordstaaten ist das handfestere Erbe jener Zeit aber die Mogulküche mit ihren raffinierten Gewürzmischungen, die bis heute fester Bestandteil der einheimischen Esskultur sind und bei uns als «typisch indisch» gelten. Während der Regierungszeit des Großmoguls Akbar (1542–1605) erstreckte sich die Herrschaft der Mogulen bis zu den Häfen von Gujarat und Bengalen, sodass sie direkten Zugriff auf die Schiffe mit den Gewürzen von Malabar und den Importen der Portugiesen hatten.

Die Portugiesen können für sich in Anspruch nehmen, dass sie die wichtigste Neuerung der indischen Küche herbeiführten, als sie die bis dahin dort unbekannten Chilischoten aus Amerika nach Goa und an die Malabarküste brachten. Innerhalb kürzester Zeit hatte sich in ganz Indien eine Leidenschaft für Chili breitgemacht, und das Land begann, die Schoten selbst anzubauen.

Während das Geschäft mit indischen Stoffen zunehmend durch die englische Ostindien-Kompanie kontrolliert wurde, blieb der Gewürzhandel überwiegend in der Hand einheimischer Kaufleute von Malabar und Ceylon (Sri Lanka), die damit weit mehr verdienten als die europäischen Handelsherren. Gewürze, die auf dem Seeweg von der Malabarküste zu den Häfen von Gujarat am Arabischen Meer und Bengalen im Ganges-Delta gelangten, wurden nicht nur mit typischen Spezereien der Ganges-Ebene und der Himalaja-Ausläufer gemischt, sondern auch mit Gewürzen, die moslemische Einwanderer aus dem Westen mitbrachten. Daraus entwickelten sich im Lauf der Zeit die berühmten Masala-Kombinationen, die heute noch in der indischen Küche verwendet werden.

Nach dem Ende des Mogulreichs übernahmen Briten die Verwaltung weiter Teile Indiens. Der Süden behauptete sich am längsten gegen die Einmischung und Kontrolle der Ausländer, aber im Jahr 1857 machte Großbritannien Indien zu einem Teil seines Reiches. Die bedeutsamste Auswirkung dieser Epoche auf den Gewürzhandel entsprang der Politik der Briten, Inder als Vertragsarbeiter, Kaufleute und Verwaltungsbeamte auch in ihre anderen Kolonien zu schicken. Millionen von Menschen aus dem Punjab, aus Gujarat, Bengalen, Tamil Nadu und weiteren Gebieten verließen ihre Heimat und kehrten nie zurück. Aber die indischen Gemeinden, die in der Fremde Fuß fassten, hielten an ihren Küchentraditionen fest und machten so überall auf der Welt ihre stark gewürzten Gerichte bekannt.

Die Malabarküste

er Begriff «Sicherheitsabstand» erhält auf indischen Straßen eine völlig neue Bedeutung. Indische Fahrer berechnen ihn so knapp, dass oft nur eine Haaresbreite den Unterschied zwischen einem störungsfreien Fortkommen und einem «Verkehrsvorkommnis» ausmacht. Verkehrsvorkommnisse sind im günstigsten Fall zeitraubende, ärgerliche und mit viel Geschrei verbundene Verzögerungen. Im ungünstigsten Fall führen sie, wie indische Zeitungen allzu oft berichten, zu einem Blutbad. Für die Versicherer internationaler Mietwagenfirmen ist dieser Sicherheitsabstand zu riskant: Obwohl die Tourismusindustrie boomt, gibt es in Indien fast keine Autos für Selbstfahrer zu mieten. In Kerala saß deshalb Christopher, ein freundlicher Christ aus Cochin, am Steuer des eleganten alten Hindustani-Ambassador und chauffierte uns durch die Gegend. Wir kamen uns vor wie auf einer Pilgerfahrt zu einer der heiligsten Stätten in der Geschichte des Gewürzhandels – den Kardamom-Hügeln von Malabar.

Wir hatten das Land, durch das wir fuhren, bereits aus der Luft gesehen. Dicht hinter der feuchtheißen Malabarküste steigen die Westghats Südindiens zu kühleren Höhen an, wo sich Tee-, Kaffee- und Gewürzplantagen wie Fleckenteppiche zwischen den Waldflächen ausbreiten. Die Gewürze, die Cochin einst zu einem wohlhabenden Hafen und mehr als drei Jahrtausende zu einer Drehscheibe für China, Java,

LINKS: Solche für China typischen Fischernetze werden heute noch in Cochin benutzt. Sie gehen auf die Ära Kublai Khans im 13. Jahrhundert zurück, als sich chinesische Kaufleute an der Malabarküste niederließen, um mit Gewürzen zu handeln.

OBEN: Ein Relikt des historischen Gewürzhandels ist dieses ehrwürdige Gebäude in Cochin. Heute spielt sich der Gewürzhandel in einem wesentlich größeren Umfang in den nüchternen Containerdocks der nahe gelegenen Hafenstadt Ernakulam ab.

Arabien und Europa machten, kamen aus diesen Tropenwäldern. Sie sind die Heimat des Pfefferstrauchs, einer Kletterpflanze, die sich um Mangobäume, Betelnuss- und andere Palmen rankt und lange Büschel mit kugeligen Beeren hervorbringt. Trocknet man die unreifen grünen Beeren in der Sonne, dann erhält man die schwarzen, runzligen Pfefferkörner – das wertvollste in alle Welt verkaufte oder getauschte Gewürz der frühen Handelsrouten.

Wir machten Mittag in Kottayam, einem Provinzstädtchen gleich am Anfang der gewundenen Straße in die Berge, und entdeckten Kirchen über Kirchen, jede mit einer riesigen Tafel versehen, auf der genau steht, welcher Teil der Christenheit hier sein Seelenheil findet. Die Vielfalt ist verwirrend. Da gibt es Jakobiter- und Mar-Thoma-Kirchen, die Syrisch-Orthodoxe und die Orthodox-Syrische Kirche, eine Protestantische Kirche von Südindien und eine Syrisch-Katholische Kirche, die Große Kirche zur Heiligen Maria und am anderen Ende der Straße die Kleine Kirche zur Heiligen Maria (die übrigens die größere der beiden ist).

Wir verließen dieses Kaleidoskop christlicher Gemeinden und fuhren in die Kardamom-Hügel hinauf, vorbei an Plantagen mit Teesträuchern, in denen sich Schwärme von Pflückern langsam durch die Reihen bewegten, und über Flüsse, die von dem rhythmischen Geräusch des Wäscheschlagens widerhallten und an deren Felsufern bunte Saris zum Trocknen ausgebreitet lagen. Es wurde dunkel, als wir im Gewürzland ankamen.

Als wir am nächsten Vormittag begeistert Gewürze auf dem Basar des Städtchens Thekkady kauften, erhielten wir die Einladung, den Gewürzgarten eines ortsansässigen Familienbetriebs zu besichtigen. Hier begegneten wir einer Fülle von einheimischen Gewächsen wie Kardamom, Kurkuma und Pfeffer neben importierten wie Ingwer, Gewürznelken, Muskatnuss, Zimt, Chilischoten, Kreuzkümmel und Koriander. Die Gewürze werden geerntet und in einem kleinen Laden im Basar verkauft. Die Konkurrenz ist groß, denn die Bedingungen für den Gewürzanbau sind hier oben so günstig, dass jedes Haus seinen eigenen Gewürzgarten hat und in den Läden von Thekkady Berge von frisch gemahlenen Gewürzmischungen angeboten werden, jede angeblich nach einem einzigartigen, seit Generationen in der Familie weitergegebenen Geheimrezept hergestellt. Nach unserer Gartenbesichtigung luden uns die gastfreundlichen Besitzer zum Abendessen ein. Sie zeigten uns die Zubereitung von Koghi Nadan, einem für Kerala typischen Hähnchen-Curry mit frischen Mangos und Curryblättern in Kokosmilchsoße, das ganz vorzüglich schmeckte.

Die Kanäle im Küstengebiet von Kerala sind oft so mit Wasserhyazinthen überwuchert, dass Boote nur noch mühsam vom Fleck kommen. Die kleinen Jungen, die an das andere Ufer schwimmen, stört der Pflanzenteppich dagegen kaum.

HÄHNCHEN-CURRY AUF KERALA-ART

FÜR 4–6 PERSONEN

1 TL Koriandersamen
½ TL schwarze Pfefferkörner
½ TL Kurkumapulver
5 EL Sonnenblumenöl
1 TL schwarze Senfkörner
1 große rote Zwiebel, in Würfel
   geschnitten
3 Knoblauchzehen, fein gehackt
12 Curryblätter

1 Stück frischer Ingwer (2,5 cm),
   geschält und fein gehackt
800 g Hähnchenbrust, in Streifen
   geschnitten
1 TL Weißweinessig
400 ml Kokosmilch
2 große Mangos, geschält, entsteint
   und in Würfel geschnitten
Salz nach Geschmack

In einer kleinen Pfanne Koriandersamen und schwarze Pfefferkörner trocken anrösten, bis sie ihr Aroma entfalten. Vom Herd nehmen und zu Pulver mahlen. Mit Kurkuma vermischen und beiseitestellen.

In einem Wok (oder einer großen Pfanne) das Öl erhitzen und die Senfkörner rösten, bis sie zu knistern beginnen. Zwiebel, Knoblauch, Ingwer und Curryblätter hinzufügen und braten, bis die Zwiebelwürfel glasig sind. Die Hähnchenstreifen dazugeben und goldbraun anbraten.

Die Gewürzmischung aus Koriander, schwarzem Pfeffer und Kurkuma hinzufügen und 1 Minute lang unter ständigem Rühren weiterbraten. Dann den Essig und ⅛ l Wasser dazugießen und 2 Minuten aufkochen. Kokosmilch und Mangowürfel hinzufügen und mit Salz abschmecken. Weitere 5 Minuten leise köcheln lassen und darauf achten, dass die Kokosmilch nicht aufkocht.

Als Beilagen Reis und Kartoffel-Erbsen-Curry *(S. 61)* reichen.

Wir erhielten noch mehr Rezepte, als wir uns ein Boot mieteten, um das Labyrinth von Kanälen, Lagunen, Flüssen und Seen zu erkunden, die Kerala entlang der Malabarküste durchziehen. Auf einem umgebauten Reiskahn schaukelten wir ruhig und bequem durch den Alltag von Bauern, Fischern und Fährleuten und genossen leckeren Masala-Fisch, sahnige Kokos-Currys, scharf gewürzte Gemüse-Thorans, saftige Tropenfrüchte und kaltes Bier. Das Leben in dieser Gegend kam uns unglaublich malerisch, ohne jede Hektik und vollkommen glücklich vor. Nachts ankerten wir draußen auf einem stillen See. Hier gab es eine angenehme Brise und weniger Mücken als am Ufer, und als wir bei Mondschein mit Kerala-Gewürzen und frischer Kokosmilch zubereitete Riesengarnelen verzehrten, spürten wir, dass die Gelassenheit und Schönheit der Umgebung auf uns zu wirken begann.

Pfeffer *(Piper nigrum)*

Jahrhundertelang war der an der Malabarküste Indiens heimische Pfeffer die begehrteste Ware des Fernhandels zwischen Ost und West und bescherte den Malabarhäfen aufgrund ihrer Monopolstellung großen Reichtum. Heute gedeiht das Gewürz auch in einem Großteil Südostasiens sowie in den Tropengebieten Afrikas und Brasiliens.

Das Gewürz wächst an einem immergrünen Kletterstrauch. Die Beeren werden unreif gepflückt, in der Sonne getrocknet und nach Größe sortiert. Die zerstoßenen oder gemahlenen schwarzen Körner sorgen in Speisen für eine pikante Schärfe, die den Speichelfluss vermehrt, die Bildung von Verdauungssäften fördert und die Geschmacksknospen belebt. Dass Pfeffer in früheren Zeiten so beliebt war, lag vor allem daran, dass er Pökelfleisch schmackhafter machte; ein böses Gerücht besagt, dass man ihn auch verwendete, um den Hautgout von bereits verdorbenem Fleisch zu kaschieren.

Es gibt noch andere Pfeffersorten: Der ebenfalls in Indien beheimatete Langpfeffer *(Piper longum)* ist schärfer als normaler Pfeffer, lässt sich jedoch kaum exportieren, da er mehr Feuchtigkeit enthält und leicht schimmelt. Andere Formen des *Piper nigrum* sind der weiße Pfeffer, dessen Beeren reif gepflückt und nach dem Trocknen in Meerwasser eingeweicht werden, damit man die Schale entfernen kann. Bei grünem Pfeffer handelt es sich um frisch geerntete unreife Beeren, die in der Regel eingelegt auf den Markt kommen. Sichuan-Pfeffer, Jamaika- oder Nelkenpfeffer (Piment) aus der Karibik sowie Chilipfeffer sind nicht mit dem *Piper nigrum* verwandt.

Hähnchen-Curry auf Kerala-Art

MALABAR-GARNELEN

Für dieses Gericht wird frisches Kokosfleisch verwendet. Falls Sie noch nie eine Kokosnuss geöffnet haben – so wird es gemacht: Mit einem Korkenzieher durch eines der drei «Augen» am Boden der Kokosnuss ein Loch bohren und die Flüssigkeit in ein Gefäß auslaufen lassen. Die entleerte Kokosnuss in eine Plastiktüte stecken, diese auf den Boden legen und mit einem Hammer oder Nudelholz daraufschlagen. Anschließend das Kokosfleisch aus der zertrümmerten Schale lösen.

FÜR 4 PERSONEN

1 EL Koriandersamen	Kokoswasser (die aufgefangene
1 TL Fenchelsamen	Flüssigkeit aus der Kokosnuss)
4 EL Sonnenblumenöl	1 TL schwarze Senfsamen
1 mittelgroße rote Zwiebel, in Würfel	10 Curryblätter
geschnitten	1½ TL Tamarindenpaste, in ¼ l
1 Stück frischer Ingwer (2,5 cm),	kochendem Wasser aufgelöst
geschält und grob gehackt	400 g Kürbis, geschält und Samen
4 rote Chilischoten, Samen entfernt	entfernt, in Würfel geschnitten
und grob gehackt	1 Stück (2,5 cm) Palmzucker oder
Fleisch von ½ frischen Kokosnuss	2 TL brauner Zucker
(oben), in dünne Scheiben	Salz nach Geschmack
geschnitten	350 g ungekochte Garnelen

In einer kleinen Pfanne die Koriander- und Fenchelsamen trocken anrösten, bis sie ihr Aroma entfalten, und mahlen.

In einem Wok (oder einer großen Pfanne) das Öl erhitzen und Zwiebel, Ingwer, Chili und Kokosfleisch darin goldbraun braten.

Mit einem Schaumlöffel aus dem Wok nehmen und zusammen mit dem Koriander- und Fenchelpulver und der aufgefangenen Kokosflüssigkeit im Mixer pürieren.

Die Senfsamen und Curryblätter in dem im Wok verbliebenen Öl braten, bis die Samen zu knistern beginnen. Dann das Kokospüree hinzufügen und unter ständigem Rühren noch 1 Minute braten. Tamarindenwasser, Kürbis, Palmzucker und Salz hinzufügen und zum Kochen bringen. Die Hitze reduzieren und 5 Minuten leise köcheln lassen. Die Garnelen dazugeben und so lange köcheln lassen, bis die Garnelen durchgegart sind. Mit Reis servieren.

Palmzucker *(Gula djenna, Gula jawa u.a.)*

Der aus dem Saft der Blütenstände von Palmen gewonnene weiße bis dunkelbraune Zucker wird – oft in Verbindung mit Amchur oder Tamarinde in süßsauren Gerichten – zum Süßen verwendet. Trotz eines sehr niedrigen Zuckergehalts schmeckt der karamellartige Palmzucker sehr süß. Er ist kein echtes Gewürz und spielte im Fernhandel nie eine große Rolle, verleiht jedoch vielen Speisen des Subkontinents und Südostasiens einen charakteristischen Geschmack und wird heute in alle Welt exportiert. Palmzucker ist vor allem in Läden, die sich auf asiatische Zutaten spezialisiert haben, in folienverschweißten großen Stücken oder in Gläsern erhältlich.

Tamarinde *(Tamarindus indica)*

Die Hülsen des Tamarindenbaums enthalten Samen und ein dunkelbraunes, klebriges Mus, das Gerichten einen säuerlichen Geschmack verleiht und häufig mit Zucker oder Palmzucker zu süßsauren Würzen kombiniert wird. Obwohl meist mit Indien in Zusammenhang gebracht, wo er als vielseitige Nutzpflanze gilt, stammt der Tamarindenbaum ursprünglich aus Ostafrika. Aber während er sich in ganz Asien, in der Karibik und weiten Teilen Südamerikas großer Beliebtheit erfreut, wird er in seiner Heimat kaum wirtschaftlich genutzt. Da die Tamarinde bereits in Indien verbreitet war, als die große Zeit des Gewürzhandels begann, stellte sie nie einen lukrativen Exportartikel für Afrika dar.

Kardamom *(Eletteria cardamomum)*
Die Heimat der Kardamompflanze sind die Tropenwälder an den Hängen der Westghats, die steil zur Malabarküste abfallen und den schmückenden Beinamen «Kardamom-Hügel» tragen. Die kleinen grünen Kapselfrüchte enthalten drei Kammern mit winzigen, schwarzen Samen und wachsen in Bodennähe unter dichten Büschen. Da der Anbau sehr aufwendig ist, gehört Kardamom neben Safran und Vanille zu den teuersten Gewürzen der Welt.
In Indien findet Kardamom weithin Verwendung in Süßspeisen wie Ras Malai, Eiscremes wie Kulfi, Gewürztees (Chai Masala) oder zum Erfrischen des Atems. In den Biriyani-Reisgerichten von Hyderabad und der einstigen Mogulküche im Norden sowie in Garam Masalas wird er oft mit schwarzen Kardamomkapseln gemischt, die grober, größer und etwas bitterer sind als ihre grünen Verwandten. Die arabischen Händler, die das Gewürz in der westlichen Welt einführten, haben eine Vorliebe für Kardamom-Kaffee entwickelt. Dazu werden die Kapseln entweder zusammen mit den gerösteten Kaffeebohnen gemahlen oder – wie bei den Beduinen – frisch in die Tülle einer Kaffeekanne geschoben. Heute wird Kardamom auch in Sri Lanka, Tansania und Guatemala angebaut.

GARAM MASALA AUF KERALA-ART

In Kumarakom besuchten wir ein Ayurveda-Zentrum auf dem Gelände einer ehemaligen Kolonialvilla. Laiju Jameson, der Küchenchef des dortigen Restaurants, zeigte uns die Zubereitung einer köstlichen Kartoffel-Erbsen-Beilage (unten). Für das Rezept benötigt man ein spezielles, für die Region Kerala typisches Garam Masala, das folgendermaßen hergestellt wird:

3 grüne Kardamomkapseln, Hülsen entfernt
3 Gewürznelken
2 Lorbeerblätter

1 TL Kreuzkümmelsamen
1 Stück Zimtstange (2,5 cm)
5 schwarze Pfefferkörner
½ TL frisch geriebene Muskatnuss

In einer kleinen Pfanne alle Zutaten bis auf den Muskat trocken anrösten, bis sie ihr Aroma entfalten. Vom Herd nehmen und zu Pulver mahlen. Mit geriebener Muskatnuss vermischen.

KARTOFFEL-ERBSEN-MASALA AUS KERALA

FÜR 4 PERSONEN
500 g fest kochende Kartoffeln, geschält und gewürfelt
60 g Cashewkerne
3 TL Koriandersamen
1 TL Chilipulver
4 EL Sonnenblumenöl
1 große Zwiebel, gewürfel
4 Knoblauchzehen, gehackt

1 Stück frischen Ingwer (2,5 cm), geschält und gerieben
200 g Tomaten, püriert
250 g enthülste frische Erbsen
Garam Masala auf Kerala-Art *(oben)*
1 EL Sahne
Salz nach Geschmack
1 Handvoll Koriandergrün, gehackt

Die Kartoffeln weich kochen, abgießen und beiseitestellen. Die Cashewkerne mit 2 EL Wasser im Mixer zerkleinern. Dann ⅛ l Wasser hinzufügen und verrühren.

In einer kleinen Pfanne die Koriandersamen trocken anrösten, bis sie ihr Aroma entfalten. Vom Herd nehmen und zu Pulver mahlen. Chili- und Kurkumapulver dazugeben und gut vermischen. – In einer großen Pfanne Öl erhitzen. Zwiebel, Knoblauch und Ingwer darin goldbraun anbraten. Die Mischung aus Koriander, Kurkuma und Chili hinzufügen und unter ständigem Rühren 30 Sekunden braten.

Das Tomatenpüree dazugeben, kurz aufkochen und anschließend bei schwacher Hitze köcheln lassen, bis die Flüssigkeit verdampft ist. Der Reihe nach Cashewkern-Paste, gekochte Kartoffeln und Erbsen hinzufügen und bei schwacher Hitze weiterköcheln lassen, bis die Erbsen gar sind. Garam Masala und Sahne einrühren, mit Salz abschmecken und mit frischem Koriandergrün garnieren.

Bombay

Als die Portugiesen auf der Suche nach Gewürzen erstmals an der Westküste Indiens landeten, gab es die Stadt Bombay – die heute offiziell Mumbai heißt – noch gar nicht. Wo sich jetzt Indiens reichste Metropole und geschäftigste Hafenstadt als eines der Zentren des Welthandels ausbreitet, war nichts außer einer Bucht mit sieben sumpfigen, malariaverseuchten Inseln, auf denen sich Koli-Fischer niedergelassen hatten. Nur eine dieser Inseln, Elephanta, hatte eine kulturelle Vergangenheit als kurzlebige Residenz einer Hindu-Dynastie, die im 7. Jahrhundert mehrere Höhlentempel zu Ehren Shivas errichtet hatte. Überreste der großartigen Felsreliefs und Gemälde haben sich bis heute erhalten.

Nachdem die Briten Portugal und die Niederlande als größte ausländische Macht in Indien abgelöst und ihren Einfluss durch Unterwerfung lokaler Herrscher oder geschickte Allianzen gefestigt hatten, sorgten sie dafür, dass die alten Handelsrouten in den Dekkan und noch tiefer in den Süden neu belebt wurden. Durch Trockenlegung der Sümpfe entstand neues Land rund um die Inseln, auf dem sich Parsen und Gujarati niederließen und die Fundamente zu einem blühenden Handelshafen legten. Als im Jahr 1869 der Suezkanal eröffnet wurde, stellte Bombay die bis dahin größte indische Hafenstadt Kalkutta bereits in den Schatten.

Wir haben das Glück, dass wir in Bombay viele Freunde besitzen – ein buntes Gemisch von Jaina aus Gujarat, parsischen Zoroaster-Anhängern, Moslems aus Bengalen, Sikhs aus dem Punjab, Katholiken aus Goa und Hindus aus Maharashtra. In ihren Häusern und Lieblingsrestaurants bekamen wir einige der besten und abwechslungsreichsten Gerichte vorgesetzt, die Indien zu bieten hat. Obwohl sich in diesem Schmelztiegel der Rassen und Religionen die Kasten- und Glaubensgrenzen ein wenig verwischt haben, gibt es auch in Bombay «verbotene» Speisen für die eine oder andere Gruppe oder starre Regeln für das Würzen bestimmter Gerichte. Manche Leute lösen das Problem, indem sie nur daheim essen. Andere verlassen sich auf die Guild of Bombay Tiffinbox Suppliers' Association, einen ebenso ambitionierten wie erfolgreichen Lieferservice, der frisch zubereitete Speisen von Garküchen in der Vorstadt in die Büros der Geschäftsviertel bringt. Ganze Armeen von fixen *Dabbawallas* (Essensboten) schlängeln sich jeden Werktag durch das Gewühl von Bombays überfüllten Straßen und Zügen, beladen mit dreistöckigen Essgeschirren aus Aluminium, und liefern genau die richtige *Dabba* an den richtigen Arbeitsplatz.

Bombay ist zwar die reichste und schönste Stadt in ganz Indien, leidet jedoch derart unter Verkehrsproblemen, dass Elefanten in vielen Fällen immer noch das schnellste Transportmittel sind.

DHANSAK MASALA AUS BOMBAY

Die Menge dieses Masala ist auf das unten stehende Dhansak-Hähnchen-Rezept abgestimmt. Dhansak ist eine typische Gewürzmischung der Parsen-Küche – ein Garam Masala mit Bockshornkleeblättern und Sternanis.

3 TL Koriandersamen	1 Stück Zimtstange (2,5 cm)
1 TL Kreuzkümmelsamen	2 Lorbeerblätter
5 schwarze Pfefferkörner	1 TL schwarze Senfkörner
4 grüne Kardamomkapseln, enthülst	1 TL Chilipulver
4 Gewürznelken	2 TL getrocknete Bockshornkleeblätter
3 Sternanissamen	

In einer kleinen Pfanne alle Zutaten außer dem Chilipulver und den Bockshornkleeblättern anrösten, bis sie ihr Aroma entfalten. Vom Herd nehmen und mahlen. Mit dem Chilipulver und den Bockshornkleeblättern vermischen.

PARSISCHES DHANSAK-HÄHNCHEN

Für dieses Gericht benötigen Sie drei verschiedene Hülsenfrüchte (Dals). Wenn Sie nicht alle finden, nehmen Sie einfach insgesamt 250 g der erhältlichen Sorte(n).

FÜR 4–6 PERSONEN

250 g Dal, bestehend aus:	4 Knoblauchzehen, fein gehackt
130 g Toor Dal oder halbierte gelbe Erbsen	2 grüne Chilischoten, fein gehackt
60 g Masoor Dal oder rote Linsen	600 g Hähnchenbrust, in Streifen geschnitten
60 g Mung Dal oder Mungobohnen	Dhansak Masala *(oben)*
1 TL Kurkumapulver	3 große Tomaten, im Mixer püriert
1 Stück Ingwer (5 cm), geschält und gerieben	3 TL Tamarindenpaste, in ¼ l kochendem Wasser aufgelöst
1 Handvoll frischer Dill	1 Stück Palmzucker (5 cm) oder 1 EL brauner Zucker
250 g Kürbis, geschält und gewürfelt	1 Handvoll Koriandergrün, gehackt
250 g Auberginen, gewürfelt	Saft einer Limette
4 EL Ghee oder Butter	Salz nach Geschmack
1 große Zwiebel, gewürfelt	

In einem Topf die Dals mit Kurkuma, Ingwer, Dill, Kürbis und Aubergine vermischen und ¾ l Wasser hinzufügen Zum Kochen bringen und den Deckel auflegen. Die Hitze reduzieren und garen, bis das Gemüse weich ist und die Linsen allmählich zerfallen.

(Fortsetzung siehe rechte Seite)

Kurkuma (*Curcuma domestica*)

Der Wurzelstock (Rhizom) der in Asien beheimateten Kurkuma- oder Gelbwurzpflanze wird nicht nur als Gewürz, sondern auch als Farbstoff, in der Kosmetik und zu rituellen Zwecken verwendet. In Indien benutzt man Kurkuma überwiegend in der vegetarischen Küche, weil ihr kräftiges Gelb die Speisen appetitlicher aussehen lässt. Der Geschmack ist leicht bitter und pfeffrig. Wegen ihrer Farbe wird Kurkuma manchmal fälschlich statt des weit teureren Safranpulvers angeboten, allerdings wohl nicht immer in betrügerischer Absicht, da die Franzosen Gelbwurz unter der Bezeichnung *safran des Indes* kennen. Heute gehört Kurkuma zu den beliebtesten Gewürzen in Nordafrika und in der Karibik; sie wird außerdem in China, Indonesien, Peru und Australien angebaut.

Ingwer (*Zingiber officinale*)

Man kann heute nicht mehr sagen, aus welcher Gegend Asiens Ingwer ursprünglich stammt. Bekannt ist nur, dass er schon früh von der Malabarküste nach Arabien, Europa und China exportiert wurde.

Während in Indien frische Ingwerwurzel meist zerdrückt oder fein gehackt mit Knoblauch gebraten und als Grundlage für Soßen und Marinaden verwendet wird, ist es in Ostasien eher üblich, Wokgerichte mit fein gehacktem Ingwer zu aromatisieren. In Kaschmir wird täglich Ingwertee getrunken. Die Portugiesen brachten Ingwer nach Westafrika, wo er heute zum Würzen von Erdnuss-Eintöpfen und zum Brauen von Ingwerbier dient. In Nord- und Ostafrika benutzt man zum Kochen Ingwerpulver. Mit den Spaniern gelangte die Wurzel nach Mexiko und in die Karibik.

In der Zwischenzeit das Ghee in einem Wok erhitzen und Zwiebel, Knoblauch und Chilis darin braten, bis die Zwiebeln karamellisieren. Die Hähnchenbruststreifen dazugeben und unter Rühren goldbraun braten. Das Dhansak Masala einrühren und 1 Minute garen. Pürierte Tomaten, Tamarindenwasser, Palmzucker und Koriandergrün sowie die Gemüse-Dal-Mischung hinzufügen. Zum Kochen bringen, die Hitze reduzieren und 10 Minuten leise köcheln lassen. Den Limettensaft dazugeben und mit Salz abschmecken. Zu Reis servieren.

FISCHGERICHT AUS BOMBAY

In diesem Rezept wird Fisch mit einer sehr würzigen und mit Mohnsamen angedickten Kokossoße überzogen und darin im Wok gegart.

FÜR 4 PERSONEN

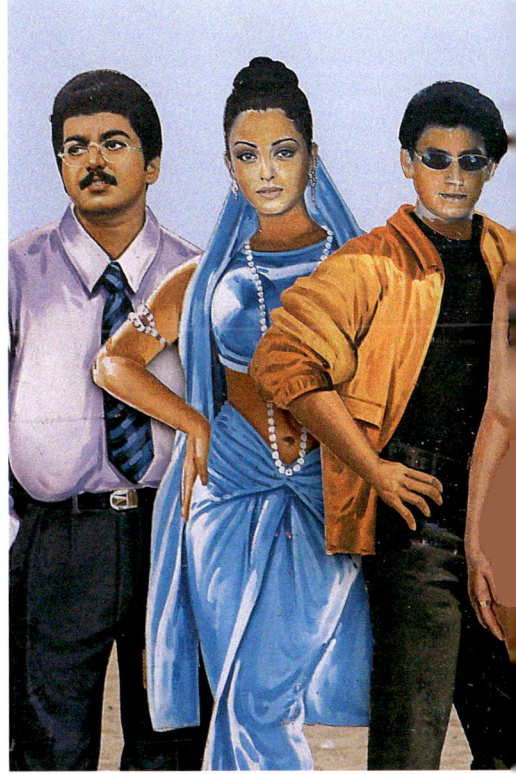

5 grüne Kardamomkapseln, enthülst	3 grüne Chilischoten, Samen entfernt
1 TL Fenchelsamen	1 große Handvoll gehacktes
3 TL Koriandersamen	Koriandergrün
1 TL Kreuzkümmelsamen	5 Stängel frische Minze
2 Stränge Macis (Muskatschale)	Saft von zwei Limetten
1 TL weiße Mohnsamen	2 EL Ghee oder Butter
60 g Cashewkerne	175 g enthülste frische Erbsen
50 g Kokosraspeln	Salz nach Geschmack
1 rote Zwiebel, grob gehackt	4 Filets (à 200 g) von Fischen mit
3 Knoblauchzehen, grob gehackt	festem weißem Fleisch

In einer kleinen Pfanne Kardamom, Fenchel, Koriander, Kreuzkümmel und Macis trocken anrösten, bis sie ihr Aroma entfalten. Aus der Pfanne nehmen und mit den Mohnsamen zu Pulver mahlen. In derselben Pfanne die Cashewkerne anrösten. Sobald sie Farbe annehmen, die Kokosraspeln dazugeben. Bei schwacher Hitze weiterrösten, bis die Kokosraspeln goldgelb sind. Dann aus der Pfanne nehmen und zusammen mit den gemischten Gewürzen, Zwiebel, Knoblauch, Chili, Koriander, Minze, Limettensaft und 4 EL Wasser im Mixer zu einer Paste verrühren.

In einem Wok (oder großen Pfanne) das Ghee erhitzen und die Paste 1 Minute unter ständigem Rühren braten. Dann ¼ l Wasser einrühren, die Erbsen in die Soße geben und mit Salz abschmecken. Vorsichtig die Fischfilets auf den Boden der Pfanne legen. Mit einem Löffel die Soße darübergeben und den Fisch garen (etwa 8 Minuten). Sofort servieren.

Die große Popularität, die die Filmstars der Bollywood-Studios in Bombay genießen, hat einen Fotografen auf die Idee gebracht, Schauspieler aus Pappe am Strand aufzustellen und die Fans gegen Geld neben ihren Idolen abzulichten.

Rajasthan und Gujarat

Die Wüstenstädte von Rajasthan gelangten zu Reichtum, weil sie an den Karawanenstraßen lagen, die Indiens Häfen am Arabischen Meer mit Arabien, Zentralasien und Persien verbanden. Die Gewürze nahmen ihren Weg in beide Richtungen. Die Dhaus, die im 15. Jahrhundert die Gujarat-Häfen Mandvi, Porbander und Veraval anliefen, entluden Pfeffer, Kurkuma, Zimt und Kardamom von der Malabarküste und nahmen dafür Kreuzkümmel, Koriander und Fenchel aus dem östlichen Mittelmeerraum an Bord. Eine Karawanenstraße verlief nordwärts nach Bhuj, über die Salzsümpfe des Rann von Kutch bis Jaisalmer, dann weiter nach Norden zum Khyber-Pass oder nach Westen durch die Wüste Tharr und durch Sind über den Indus. Eine nordöstliche Route, die über Udaipur und Jodhpur durch das Arawalligebirge führte, verband die Gewürz-Umschlagplätze mit den Mogul-Hauptstädten Agra und Delhi und später mit Jai Singhs ummauerter Stadt Jaipur.

Ich bekam Gelegenheit, mehr über die Küche Rajasthans in Erfahrung zu bringen, als ich den Auftrag erhielt, vom neuen Raj-Villas-Hotel am Stadtrand von

Jaipur eine Fotoreportage zu liefern, das – einem modernen Trend folgend – in einem umgebauten Rajput-Palast untergebracht ist. Ich hatte nach Erledigung meiner Pflicht Zeit genug, an einem hervorragenden Kochkurs teilzunehmen, der im Hotel abgehalten wurde, und erfuhr dabei mehr über die Zubereitung einiger Gerichte, die ich in Rajasthan bereits kennen und schätzen gelernt hatte. Nebenbei gönnte ich mir in der Bäderabteilung eine Kopfmassage, die mich in einen solchen Euphoriezustand versetzte, dass ich mir einbildete, mein Masseur müsse in die tiefsten Geheimnisse fernöstlicher Heilkunst eingeweiht sein. Als ich mich hinterher überschwänglich bei ihm bedankte, erklärte er strahlend, dass er seine Kunst auf einer Massageschule im südenglischen Tunbridge Wells erlernt habe.

Die großartige Festungsstadt Jaisalmer, die im 12. Jahrhundert auf einem Tafelberg errichtet wurde und die Weite der Wüste Tharr wie eine gigantische

Sandburg überragt, war einst die Heimat von Rajput-Kriegern und Jaina-Händlern. In der goldgelben Zitadelle mit den gepflasterten Gässchen, die sich zwischen Palästen, Tempeln und *Havelis* (Privathäusern) winden, herrscht immer noch wimmelndes Leben. Eine rege Fremdenverkehrsindustrie konnte den langen Verfall der Stadt aufhalten, brachte aber leider neue Bedrohungen mit sich: Der Tourismus hat zu einer starken Zunahme der einheimischen Bevölkerung geführt, der das alte Kanalisationssystem nicht mehr gewachsen ist. So konnte Sickerwasser in die Sandsteinfundamente der Festungsstadt eindringen, und viele der Häuser und Paläste sind extrem einsturzgefährdet. Die Unfälle mit Todesopfern häufen sich. Mehrere Organisationen – der Indian Trust for Art and Cultural Heritage (INTACH), der in Großbritannien registrierte Hilfsverein Jaisalmer in Jeopardy und der World Monuments Fund USA – haben inzwischen auf die Tragödie reagiert und kämpfen für die Erhaltung der Stadt. Im Winter 1999 reiste ich nach Jaisalmer, um über eine Wohltätigkeitsveranstaltung zu berichten, die die Spendenbereitschaft der Öffentlichkeit für dieses Projekt fördern sollte.

Mein erster Besuch in der Zitadelle lag zwanzig Jahre zurück. Damals hatten mein Freund Daniel und ich von Bikaner aus die Wüste Tharr sieben Tage lang im Kamelsattel durchquert – zunehmend wundgescheuert und ungewaschen auf dem Rücken unserer störrischen Kamele, die auf die völlig unpassenden Namen Ladoo und Jelabi (beides köstliche indische Süßigkeiten) hörten, sowie in Begleitung von zwei stets gut gelaunten Führern, deren Gelassenheit vermutlich auf den ständigen Konsum von Opium zurückging. Wir hatten für unser Unternehmen dummerweise den Monat Mai gewählt, eine Zeit, in der die Vor-Monsun-Hitze ihren Höhepunkt erreicht und das Wasser in den Oasen knapp wird.

Die Nächte, in denen wir unter freiem Himmel rasteten, unser Abendessen zu uns nahmen und schliefen, waren zunächst sehr romantisch. Unsere Führer kochten gut und sangen Lieder aus Rajasthan, oft begleitet von anderen Wüstenreisenden, die mit uns kampierten. Um die Schlangen davon abzuhalten, in unser Schlaflager zu kriechen, erhielten wir den Rat, unsere Haut jeden Abend mit Zwiebeln einzureiben. Da es nie genug Wasser zum Waschen gab, trocknete die Morgensonne den klebrigen Zwiebelsaft bereits Minuten nach dem Aufstehen, und von Frische konnte schon bald keine Rede mehr sein. Die Tage wurden zur Qual. Der Wunsch, dieses Abenteuer zu beenden, wurde immer sehnlicher, und wir waren hin- und hergerissen zwischen dem Willen, täglich so weit wie möglich zu reiten, und dem Unwillen, die Kamele überhaupt zu besteigen. Schließlich taten wir es unseren Führern gleich und betrachteten die Strapazen der Reise durch einen euphorischen Opiumschleier. Als wir daher das lang ersehnte Jaisalmer zum ersten Mal majestätisch aus dem Wüstendunst aufragen sahen, wurde die Erhabenheit des Augenblicks durch unsere benebelten Hirne und ausgedörrten Körper leicht getrübt.

OBEN: Eine Wasserverkäuferin wartet am Rand einer Wüstenstraße auf Kundschaft.

GEGENÜBER: Eine Frau vor den Wandornamenten der Festung von Jaisalmer.

VORHERGEHENDE SEITE: Von der Jaina-Tempelanlage aus dem 16. Jahrhundert, die sich auf dem Berg Satrunjaya bei Palitana erhebt, bietet sich ein weiter Blick über den Golf von Khambhat und die sich dahinter erstreckende Wüste.

Im krassen Gegensatz dazu stand meine diesmalige Anreise – an Bord eines eigens gecharterten Flugzeugs von Delhi, umgeben von Reichen und Prominenten, die ganze Bündel von Rupien für die Erhaltung von Jaisalmer gespendet hatten. Das lange Wochenende mit zahlreichen Veranstaltungen war organisiert worden, um die Spender für ihre Freigebigkeit zu belohnen. Tagsüber fanden Gespräche und Führungen zu den Sehenswürdigkeiten der Festungsstadt selbst sowie zahlreichen Ausstellungszelten, Tempeln, Havelis und Grabmälern in der Wüste statt. Abends gab es üppige Bankette, darunter eines, zu dem der Maharaja und die Maharani von Jaisalmer in ihren entlegenen Sommerpalast Moolraj Sagar eingeladen hatten. Das Abendessen fand vor dem Hintergrund sanft plätschernder Brunnen und Teiche statt, auf denen Tausende von Rosenblättern schwammen, erhellt von winzigen schwimmenden Ghee-Lichtern.

KÜRBIS-DAL AUS RAJASTHAN

FÜR 4 PERSONEN

300 g Masoor Dal (rote Linsen), gewaschen und 1 Stunde eingeweicht
1 Prise Salz
½ TL Zucker
1 TL Kurkuma
1 Stück frischer Ingwer (1 cm), gehackt

½ TL gemahlener Kreuzkümmel
300 g Kürbis, in Würfel geschnitten
Saft einer Limette
2 EL Ghee oder Butter
1 TL schwarze Senfkörner
1 Prise Asant (*Kasten S. 73*)
2 Knoblauchzehen, gehackt
6 kleine getrocknete rote Chilischoten

1 ½ l Wasser zum Kochen bringen, die eingeweichten Linsen sowie Salz, Zucker, Kurkuma, Ingwer, Kreuzkümmel und Kürbiswürfel hinzufügen und 30 Minuten garen. Vom Herd nehmen, den Limettensaft dazugeben und alles im Mixer zu einem Püree verarbeiten.

In einer kleinen Pfanne Ghee zerlassen und darin Senfkörner, Asant, Knoblauch und Chilies anrösten, bis die Körner zu knistern beginnen.

Die Gewürzmischung in das Dal rühren und servieren.

Ein in Sandstein gemeißelter Elefant am Eingang zu einem Wüstentempel

Nach unserem ereignisreichen Wochenende in Jaisalmer flogen wir mit einigen Jaina-Freunden nach Bhavnagar in Gujarat. Obwohl nur eine knappe Flugstunde von der geschäftigen Weltstadt Bombay entfernt, ist dies eine der unerschlossensten und rückständigsten Gegenden in ganz Indien. Unsere Freunde befanden sich auf einer Pilgerreise zu den Tempelanlagen auf dem Berg Satrunjaya nahe der Stadt Palitana.

Da Jaina an die Heiligkeit aller fühlenden Lebewesen glauben, sind sie nicht nur strenge Vegetarier, sondern lehnen darüber hinaus den Genuss aller Pflanzen ab, die im Boden wachsen, aus Furcht, sie könnten im Erdreich lebenden Geschöpfen ein Leid zufügen. Die weiß gekleideten Mönche und Nonnen der Jaina kehren den Boden, auf den sie ihre Füße setzen, um kein Tier zu zertreten, und tragen einen Mundschutz, um nicht versehentlich ein Insekt zu verschlucken. Ihre höchste Erfüllung sehen die Jaina darin, einmal im Leben auf den Berg Satrunjaya zu pilgern.

Der frühe Gewürzhandel auf dem Landweg von Indien in Richtung Westen beruhte ausschließlich auf Kamelen, die ihre Last geduldig in Karawanen auch bei brennender Hitze transportierten.

Asant (Hing, Asfötida, Stinkasant, Teufelsdreck) (Ferula assa-foetida)

Asant verbreitete sich von Persien und Afghanistan in die antiken Reiche Griechenlands und Roms. Heute jedoch wird es nahezu ausschließlich in der indischen Küche verwendet, wo es als natürliches Mittel gegen Blähungen besonders bei Gerichten mit Hülsenfrüchten und Kohl geschätzt ist.

Er wird als Milchsaft aus den Rhizomen eines bestimmten Riesenfenchels gewonnen und an der Luft ausgehärtet. Sein aufdringlicher Schwefelgeruch lässt ihn als Aromazutat ungeeignet erscheinen, beim Garen entfaltet er jedoch einen angenehmen Duft. In gemahlener Form wird Asant häufig mit Kurkuma-Essenz vermischt und dann als «Gelbpulver» bezeichnet. Da das Gewürz ähnliche Geschmackseigenschaften wie Zwiebeln oder Knoblauch aufweist, wird es in der Jaina-Küche oft als Ersatz für die verbotenen Wurzelknollen verwendet.

Die Jaina stellen zwar eine winzige Minderheit der inzwischen auf eine Milliarde Menschen angewachsenen Bevölkerung Indiens dar, aber da die meisten von ihnen Kaufleute sind, deren Vorfahren vom Gewürzhandel reich wurden, besitzen sie Macht und beträchtlichen Einfluss. Deshalb stehen am Fuß des Berges stets *dolley-wallas* bereit, je vier mit Bambusstangen und einer Hängematte ausgerüstete Träger, um die Gläubigen, die sich nicht selbst plagen wollen, gegen ein Entgelt zum Gipfel zu schleppen. Wir wählten wie gewöhnlich den mühevolleren Weg und brachen um halb fünf Uhr morgens auf, um der größten Hitze zu entgehen. Doch wir hatten unser Abenteuer unterschätzt. Fünf Stunden später erreichten wir das Plateau und waren völlig erschöpft. Da die Monsunfeuchte in Gujarat erst allmählich nachließ und unterwegs Schwärme von Insekten lauerten, hatte die Pilgersaison noch nicht richtig begonnen. Das hieß, dass am Gipfel weder Getränkestände noch Imbissbuden offen hatten. Als wir schließlich wieder am Fuß des Berges ankamen, hätte daher wohl alles, was man uns vorsetzte, himmlisch geschmeckt. Wir tranken zunächst reichlich Limetten-Soda mit Kal Nemak - schwarzem Salz, das bei Austrocknung hervorragend wirkt und in kleinen Mengen erstaunlich schmackhaft ist.

Dann gesellten wir uns zu den Dolleywallas und verschlangen - ausgehungert wie wir waren - Unmengen von Pau Bhaji, einem in Gujarat sehr beliebten Gericht. Auf einer großen, gusseisernen Scheibe, unter der ein offenes Feuer brennt, brutzelt ein Gemisch aus Kartoffelbrei, Gemüsen und Gewürzen in viel Ghee vor sich hin. Am Rand der Scheibe werden halbierte Semmeln mitgeröstet, die das gewürzte Fett aufsaugen. Ein ideales Gericht für hungrige Pilger - allerdings konnten unsere Jaina-Freunde nicht mithalten, da sie keine Kartoffeln essen dürfen.

GEWÜRZMISCHUNG FÜR PAU BHAJI

Ein Garam Masala mit Amchur und Kümmelsamen. Die Rezeptmenge reicht sowohl für das Pau Bhaji wie für das Pau-Bhaji-Chutney auf S. 74.

3 Lorbeerblätter
3 TL Koriandersamen
3 TL Kreuzkümmelsamen
1 Stück Zimtstange (2,5 cm)
½ TL schwarze Pfefferkörner
2 Sternanissamen

1 TL Kümmelsamen
1 TL Chilipulver
½ TL Ingwerpulver
1 TL Amchur (Mangopulver)
¼ TL Asant *(Kasten links)*

In einer kleinen Pfanne alle Zutaten bis auf Chilipulver, Ingwer, Amchur und Asant trocken anrösten, bis sie ihr Aroma entfalten. Vom Herd nehmen und zu Pulver mahlen. Mit den übrigen Gewürzen vermischen.

Kamele spielen bis heute eine wichtige Rolle in den ländlichen Gegenden der indischen Wüstenstaaten. Auch wenn die großen Karawanen der Vergangenheit angehören, dienen sie immer noch als Last- und Reittiere.

PAU BHAJI

FÜR 4 PERSONEN

500 g neue Kartoffeln, geschält und in Würfel geschnitten

½ mittelgroßer Blumenkohl, in kleine Röschen zerteilt

3 mittelgroße Möhren, in Würfel geschnitten

150 g enthülste frische Erbsen

150 g grüne Bohnen, geputzt und in 1 cm lange Stücke geschnitten

5 EL Sonnenblumenöl

2 mittelgroße rote Zwiebeln, geschält und gehackt

4 Knoblauchzehen, fein gehackt

3 EL Gewürzmischung für Pau Bhaji (S. 73)

500 g Tomaten, im Mixer püriert

150 g frischer Blattspinat, grob gehackt

Salz nach Geschmack

2 Handvoll Koriandergrün, gehackt

6 weiche Brötchen

Die Kartoffeln weich kochen, vom Herd nehmen und das Wasser abgießen, dann mit 4 EL Wasser zerstampfen. Blumenkohl, Möhren, Erbsen und Bohnen weich kochen. Das Wasser abgießen und beiseitestellen.

In einem Wok (oder einer großen Pfanne) das Öl erhitzen und darin Zwiebeln und Knoblauch braten, bis die Zwiebeln weich sind. Die Gewürzmischung für Pau Bhaji hinzufügen und 1 Minute gut verrühren. Die pürierten Tomaten und den Spinat dazugeben und zum Kochen bringen. Dann die Hitze reduzieren und köcheln lassen, bis die Flüssigkeit verdampft ist. Den Kartoffelbrei und die abgetropften Gemüse hinzufügen und mit Salz würzen. Umrühren, bis alle Zutaten gut vermischt sind, und weitere Minuten bei niedriger Hitze köcheln lassen.

Mit frischem Koriandergrün garnieren und auf getoasteten und gebutterten Brötchenhälften verteilen. Als Beilage Tomaten-Chutney *(unten)* servieren.

TOMATEN-CHUTNEY FÜR PAU BHAJI

2 Knoblauchzehen, grob gehackt

2 grüne Chilischoten, grob gehackt

2 große Tomaten, grob gehackt

1 Handvoll Koriandergrün

2 TL Gewürzmischung für Pau Bhaji (S. 73)

1 TL brauner Zucker

Salz nach Geschmack

Alle Zutaten im Mixer zu einem glatten Püree verarbeiten.

Pau Bhaji

DHOKLA AUS GUJARAT

Dieser raffinierte Snack, der zu Drinks oder als Vorspeise serviert werden kann, ist ganz leicht herzustellen und schmeckt köstlich. Wann immer wir ihn anbieten, ernten wir großes Lob. Das im Rezept angegebene Kichererbsen-(Gram-)Mehl ist in Asienläden und großen Supermärkten erhältlich. In Indien vermischt man das Kichererbsenmehl für den Dhokla-Teig in der Regel mit Dickmilch und lässt den dünnflüssigen Teig 8 Stunden in der Sonne fermentieren. Zum Glück gibt es dafür eine schnelle und einfache Alternative: Natron und Zitronensaft. Dhokla wird in einem großen Dampfkochtopf zubereitet. Notfalls können Sie auch einen großen Wok mit fest schließendem Deckel verwenden.

FÜR 4–6 PERSONEN

125 g Kichererbsen-(Gram-)Mehl, gesiebt	2 TL schwarze Senfkörner
1 TL Zucker	1 TL gehackte Curryblätter
½ TL Salz	3 grüne Chilischoten, in feine Ringe geschnitten
Saft einer Zitrone	1 EL Kokosraspeln
1 gehäufter TL Natron	1 Handvoll Korianderblätter
2 EL Sonnenblumenöl	1 TL Kokosraspeln

Eine Backform (23 cm Durchmesser) einfetten. In einer Schüssel Kichererbsenmehl, Zucker, Salz und Zitronensaft vermengen. Nach und nach 175 ml Wasser dazugeben und gut verrühren, damit sich keine Klumpen bilden. Anschließend den großen Dampfkochtopf (oder Wok) vorbereiten: Wasser in den unteren Teil des Topfes gießen und zum Kochen bringen. Dann die Hitze etwas reduzieren und den Topfeinsatz oder ein Metallgestell in den Topf mit dem Wasser stellen.

Das Natron in den Teig sieben, gut verrühren und sofort in die gefettete Backform geben. Die Form vorsichtig auf das Gestell senken, den Topf verschließen und 20 Minuten dämpfen. Die Backform herausnehmen und 10 Minuten abkühlen lassen, dann das Dhokla in etwa 2,5 x 5 cm große, rautenförmige Stücke schneiden.

In einer kleinen Pfanne das Sonnenblumenöl erhitzen und der Reihe nach Chili, schwarze Senfkörner und Curryblätter dazugeben. 1 Minute braten, die Kokosraspeln hinzufügen und weiterbraten, bis die Kokosraspeln braun werden. Vom Herd nehmen und gleichmäßig über dem Dhokla verteilen.

Mit Korianderblättern und Kokosraspeln garnieren und vor dem Servieren aus der Backform nehmen.

Dhokla aus Gujarat

Bengalen

Als die Briten im Jahr 1947 Indien in die Unabhängigkeit entließen, zahlte Bengalen einen hohen Preis: Es wurde zwischen den neuen Staaten Indien und Pakistan geteilt. So kommt es, dass die Bengalen auf beiden Seiten der künstlichen Grenze nicht nur eine gemeinsame Sprache, sondern auch gemeinsame Kochtraditionen haben, die weit in die Vergangenheit zurückreichen. Die Region wurde erstmals unter den buddhistischen Dynastien der Maurya und Gupta vereinigt und stand danach lange Zeit unter der Herrschaft diverser Hindu-Reiche, bis gegen Ende des 12. Jahrhunderts die Sultane von Delhi an die Macht gelangten. Nach und nach drang vom Westen her der Islam vor, eine Entwicklung, die achthundert Jahre später den Staat zersplittern sollte. Sehr viel früher, im Jahr 1341, löste sich Bengalen von Delhi und gründete ein eigenes Sultanat. Als die englische Ostindien-Kompanie gegen Ende des 17. Jahrhunderts den bengalischen Hafen Kalkutta zum Mittelpunkt ihres Asiengeschäfts machte, blühte die Stadt zu einer der größten Handelsmetropolen der Welt auf.

Aus Bengalen stammt das unter dem Namen Panch Foron exportierte Fünfgewürz, eine Kombination aus einheimischen Senfkörnern und importiertem Bockshornklee, Kreuzkümmel, Schwarzkümmel und Fenchel, die kurz in Ghee angeröstet und Masala-Gemüsen oder Dals beigefügt wird. Die Gewürzmischung gibt im indischen Staat Westbengalen ebenso wie im benachbarten Bangladesch vielen Gerichten ihren charakteristischen Geschmack.

Die freundliche, gesellige und wissbegierige Art vieler Bengalen, verbunden mit ihrer Leidenschaft für lebhafte Diskussionen, sorgt dafür, dass sich in den Cafés und Restaurants der Region kein Fremder einsam fühlt. Varianten des gegenüber vorgestellten Gerichts haben wir nicht nur in Kalkutta, sondern auch jenseits der Grenze in Dakka genossen.

BENGALISCHES PANCH FORON

Panch Foron kombiniert die mediterranen Gewürze Schwarzkümmel, Kreuzkümmel und Fenchelsamen mit Senfkörnern und Bockshornkleesamen. Die Mengen gelten für das unten stehende vegetarische Gericht. Da die Zutaten jedoch ungemahlen bleiben, kann man gleich größere Mengen im angegebenen Verhältnis mischen und die überzählige Menge für späteren Gebrauch aufbewahren.

½ TL Schwarzkümmel

½ TL Kreuzkümmelsamen

½ TL Fenchelsamen

½ TL gelbe Senfkörner

½ TL Bockshornkleesamen

Alles miteinander vermischen.

BENGALISCHES PANCH-FORON-GEMÜSE

FÜR 4–6 PERSONEN

250 g gelbe halbierte Erbsen

1 TL Kurkumapulver

200 g Kürbis, Samen entfernt und in Würfel geschnitten

175 g grüne Bohnen, geputzt und in 5 cm lange Stücke geschnitten

200 g Mooli-Rettich (ersatzweise milder weißer Rettich), gewürfelt

150 g Okra, geputzt und halbiert

1 EL Ghee (Butterschmalz) oder Butter

Panch Foron *(oben)*

3 Lorbeerblätter

2 grüne Chilischoten, fein gehackt

1 TL brauner Zucker

Salz nach Geschmack

In einem großen Topf die Erbsen mit Kurkuma und 1 ¼ l Wasser zum Kochen bringen. Die Hitze reduzieren und zugedeckt garen lassen, bis die Erbsen allmählich zerfallen. Schaum von der Wasseroberfläche abschöpfen. Dann das Gemüse dazugeben und weich garen. In einer kleinen Pfanne das Ghee erhitzen und darin das Panch Foron rösten. Lorbeerblätter und Chilis zufügen und braten, bis die Chilis weich sind. Vom Herd nehmen und unter das Gemüse mit den Erbsen geben.

Den braunen Zucker hinzufügen, mit Salz abschmecken und gut verrühren. Mit Reis servieren.

Im Schwemmland-Delta von Bengalen werden seit alters Segelboote zum Warentransport eingesetzt. Bei Flaute greifen die Mannschaften zu Stangen und Rudern.

Sri Lanka

Sri Lankas Rolle in der Geschichte der Gewürze wurde vor allem von der Rinde des buschigen, immergrünen Zimtbaumes aus der Familie der Lorbeergewächse geprägt. Die Insel Sri Lanka (ehemals Ceylon) war früher die einzige Quelle für Zimt, der seit dem Altertum eine große Bedeutung hat. Es spricht einiges dafür, dass Sri Lanka bereits um 1500 v. Chr. Ausgangspunkt mehrerer Gewürzrouten war. Sicher ist, dass phönizische Seefahrer lange vor der Zeitenwende mit Zimt handelten. Der griechische Geschichtsschreiber Herodot erwähnte das Gewürz im 5. Jahrhundert v. Chr., nahm allerdings an, es komme aus Arabien – kein Wunder, denn die frühen arabischen Gewürzhändler hielten seinen wahren Ursprung lange Zeit geheim. Nachdem Portugal das Monopol der Venezier und Mamelucken über die Gewürzrouten zwischen dem Fernen Osten und Europa gebrochen hatte, gehörte die Suche nach dem Ursprung des Zimts zu den Prioritäten der neuen Entdecker. Die Portugiesen stießen auf Ceylon und ergriffen, begünstigt von Unruhen unter den Bevölkerungsgruppierungen, nach und nach Besitz von der ganzen Insel. Sie errichteten ihr eigenes Handelsmonopol, das ihnen um die Mitte des 17. Jahrhunderts die niederländische Ostindien-Kompanie entriss. Nach etwa 150 Jahren erfolgreicher Herrschaft wurden die Niederländer ihrerseits von den Briten verdrängt, die Ceylon erst 1948 in die Unabhängigkeit entließen. Bis heute ist die Insel ein Haupterzeuger von Zimt geblieben.

Dass Sri Lanka ein wichtiger Knotenpunkt auf den Gewürzrouten war, zeigt eine beliebte Gewürzmischung namens Suwanda Kudu, die einheimischen Zimt mit Nelken aus Indonesien, Kreuzkümmel, Schwarzkümmel und Koriander aus dem östlichen Mittelmeerraum sowie Kardamom und Bockshornklee aus Indien kombiniert.

Die Küche von Sri Lanka hat einige Gemeinsamkeiten mit Südindien, was nicht weiter verwunderlich ist, da ein hoher Anteil der Inselbevölkerung Tamilen aus dem südindischen Staat Tamil Nadu sind. Aber es gibt auch viele typisch ceylonesische Kochtraditionen, darunter Hoppers (Pfannkuchen aus Reismehl), Mallums (Gemüsecurrys) und Unmengen von pikant gewürzten Chutneys.

Unter britischer Herrschaft gab man den Anbau vieler einheimischer Gewürze, Kräuter und Gemüsesorten im Hügelland Sri Lankas zugunsten von riesigen Teeplantagen auf. Aber trotz der in Reih und Glied angebauten Teesträucher, der Zufahrtsstraßen und Verarbeitungsbetriebe ist die Landschaft malerisch geblieben.

SRI-LANKA-GEWÜRZMISCHUNG

Dieses geröstete Currypulver ist typisch für Sri Lanka. Üblicherweise wird es nicht mitgekocht, sondern erst nach Fertigstellung des Gerichts zugefügt. Die angegebene Menge reicht für das pikante Garnelen-Gericht (gegenüber).

1 TL weißer Reis

½ TL Koriandersamen

¼ TL Kreuzkümmelsamen

1 Gewürznelke

1 grüne Kardamomkapsel, enthülst

¼ TL schwarze Senfkörner

1 Stück (2,5 cm) Zimtstange

1 EL Kokosraspeln

3 Curryblätter

Diese Malereien an einem Felsüberhang des Berges Sigiriya auf Sri Lanka zeigen eine Gruppe von jungen Frauen, die dem Buddha Geschenke darbringen.

In einer kleinen Pfanne die Reiskörner ohne Fettzugabe anrösten, bis sie braun werden. Dann sämtliche übrigen Zutaten hinzufügen und rösten, bis sie ihr Aroma entfalten und die Kokosraspeln goldbraun sind. Vom Herd nehmen und zu Pulver mahlen.

Zimt *(Cinnamonum verum)*

Zimt war eines der ersten Gewürze, das seinen Weg über die Fernhandelsrouten in alle Welt fand. Jahrhundertelang wurde es von arabischen Kaufleuten geliefert, die das Geheimnis seiner Herkunft sorgsam hüteten und allerlei Schauermärchen erfanden, um Neugierige abzuschrecken. So überliefert Herodot im 5. Jahrhundert ebenso wie Theophrast im 4. Jahrhundert v. Chr. Legenden von wagemutigen Reisen zu Vogelungeheuer-Horsten und schlangenverseuchten Tälern, die als mögliche Quellen der aromatischen Rinde genannt werden.

Doch der beste Zimt kam und kommt bis heute aus Sri Lanka: Er ist feiner, süßer und milder als die Produkte aller anderen Konkurrenten, zu denen heute die Seychellen, Réunion und Südamerika zählen. Echter Zimt besitzt auch eine weit bessere Qualität als die Rinde der chinesischen und indonesischen Kassie-Bäume, mit der er oft verwechselt wird.

Für die Zimtgewinnung entfernt man von den zweijährigen Trieben der Bäume die äußere Korkschicht und schält dann die innere Rinde ab, die zu trocknen beginnt und sich dabei aufrollt. Diese Röllchen werden ineinandergeschoben und kommen bündelweise als Zimtstangen in den Handel.

Besonders beliebt war das Gewürz bei den Mexikanern, die es durch die Spanier kennenlernten und damit ihre Schokoladengetränke aromatisierten. Auch in der französischen Küche des 18. Jahrhunderts fand es reiche Verwendung. In Marokko gehört eine Prise Zimt in Tagines, und in ganz Vorder- und Zentralasien schätzt man Zimt im Pilaw. Bei uns taucht Zimt alle Jahre vermehrt im Winter auf, entweder in Punsch und Glühwein oder in der Weihnachtsbäckerei.

PIKANT GEWÜRZTE GARNELEN AUS SRI LANKA

Dillsamen, Spinat und der für Sri Lanka typische Geschmack von Kokosnuss und Curryblättern verleihen diesem Garnelen-Gericht eine ganz besondere Note.

FÜR 4 PERSONEN

¼ TL schwarze Pfefferkörner	2 grüne Chilischoten, fein gehackt
1 TL Koriandersamen	1 EL Weißweinessig
1 TL Kreuzkümmelsamen	1 TL Kokosöl
½ TL Chilipulver	175 g frischer Blattspinat, fein gehackt
¼ TL Kurkumapulver	½ TL Dillsamen
350 ml Kokosmilch	15 Curryblätter
400 g ungekochte Garnelen	Salz nach Geschmack
2 mittelgroße rote Zwiebeln, in dünne Halbringe geschnitten	Sri-Lanka-Gewürzmischung *(gegenüber)*

In einer kleinen Pfanne Pfefferkörner, Koriander- und Kreuzkümmelsamen anrösten, bis sie ihr Aroma entfalten. Vom Herd nehmen und zu Pulver mahlen. Mit Chili- und Kurkumapulver in einer großen Schüssel vermischen, dann mit etwas Wasser verrühren, bis eine Paste entsteht. Kokosmilch und 100 ml Wasser hineinrühren. Anschließend die Garnelen, die Hälfte der fein geschnittenen roten Zwiebeln sowie die grünen Chilischoten und Weißweinessig hinzufügen. Beiseitestellen.

In einem Wok (oder einer großen Pfanne) das Kokosöl erhitzen. Dillsamen und Curryblätter ein paar Sekunden darin anrösten, die restlichen roten Zwiebeln dazugeben und braten, bis sie weich sind.

Garnelen, Kokosmilch sowie die Gewürzmischung hinzufügen und bei schwacher Hitze köcheln lassen, bis die Garnelen gar sind. Nicht aufkochen, da sonst die Kokosmilch gerinnt!

Mit Salz abschmecken, vom Herd nehmen und mit Sri-Lanka-Gewürzmischung bestreuen. Sofort mit Reis servieren.

OKRA-KARTOFFEL-CURRY AUS SRI LANKA

Auf Sri Lanka bezeichnet man mild gewürzte und mit Kokosmilch zubereitete Currys als «weiß». Dagegen enthalten «rote» Currys scharfe rote Chilischoten und Tomaten oder «schwarze» Currys geröstete Gewürze. Bei dem nachstehenden Rezept handelt es sich um ein weißes Gemüsecurry, für das man eigentlich «Maledivenfisch» benötigt, einen stark gesalzenen, luftgetrockneten Fisch, der in Pulverform angeboten wird. Da diese Zutat kaum zu finden ist, verwenden wir Fischsoße.

FÜR 4 PERSONEN

400 g kleine neue Kartoffeln, in
 Würfel geschnitten
20 Curryblätter
½ TL Kurkuma
2 große rote Zwiebeln, in dünne
 Halbringe geschnitten
3 TL Fischsoße
3 EL Kokosöl

2 TL Dillsamen
3 grüne Chilischoten, fein gehackt
300 g Okra, in 2,5 cm lange Stücke
 geschnitten
400 ml Kokosmilch
2 EL Limettensaft
Salz nach Geschmack

In einem Topf Kartoffeln in ⅜ l Wasser mit der Hälfte der Curryblätter sowie mit Kurkuma, der Hälfte der Zwiebeln und der Fischsoße weich kochen.

In der Zwischenzeit in einem Wok (oder einer großen Pfanne) das Öl erhitzen und die Dillsamen hinzufügen. Sobald sie zu knistern beginnen, der Reihe nach die restlichen Curryblätter, die Chilis und die restlichen Zwiebelringe dazugeben. Wenn die Zwiebeln goldbraun sind, die Okra hinzufügen und bei schwacher Hitze braten, bis sie weich sind.

Zum fertigen Kartoffelgemisch mitsamt der Kochflüssigkeit die Kokosmilch, den Limettensaft sowie ⅛ l Wasser dazugeben und mit Salz würzen. 5 Minuten bei schwacher Hitze köcheln lassen. Nicht aufkochen, da sonst die Kokosmilch gerinnt!

Nach Belieben mit weiterem Salz abschmecken und mit Reis servieren.

Curryblätter *(Chalcas koenigii)*
Die Curryblätter oder Kari Patta der Currypflanze – einer Verwandten des Zitronenbaums – werden in Südindien und Sri Lanka oft zusammen mit Senfkörnern in heißem Öl geröstet und kurz vor dem Servieren zu Gemüse und Hülsenfrucht-gerichten (Dals) und Chutneys gegeben, um den Geschmack abzurunden. Der Handel mit Curryblättern blieb stets regional begrenzt. Auf den Inseln des Indischen Ozeans und in der Karibik sind sie ein fester Bestandteil von Currypulver-Mixturen. In Europa wurde die indische Bezeichnung der Blätter zum Gattungsnamen für stark gewürzte Gerichte.

Okra-Kartoffel-Curry aus Sri Lanka

Nepal

Der Zufall wollte es, dass ausgerechnet ich an der Reihe war, mich für ein paar Minuten zwischen die beiden Piloten zu quetschen und die Aussicht zu bewundern, als die Maschine, die von Kathmandu aus zum «Buddha Airflight 200» gestartet war, gerade das Dach der Welt überquerte. «Complete top of the world», sagte einer von ihnen und deutete auf die Himalaja-Gipfel in ihrer morgendlichen Klarheit. Direkt vor uns ragte der Pyramidengipfel des Mount Everest auf, umgeben von der grandiosen Schnee- und Eislandschaft majestätischer Gipfel, Täler, Gletscher und Kämme. Es war ein großartiges Erlebnis.

Bei meiner letzten Reise nach Nepal vor zwanzig Jahren hatte es diese Everest-Flüge noch nicht gegeben. Ich musste mir den Berg hart erarbeiten, mit meiner gesamten Ausrüstung auf dem Rücken, mit Übernachtungen in primitiven Teehäusern und einer schlichten Kost aus Hülsenfrüchten und Reis, und es dauerte mehrere Wochen. Aber auch jene Trekkingtour war ein einmaliges Erlebnis gewesen, wenngleich sie mich längst nicht so nahe an den Gipfel heranführte. Flug 200 war im Grunde eine Mogelpackung. Genau genommen war unsere ganze Reise nach Nepal eine Mogelpackung, zumindest im Vergleich zu jenem ersten Unternehmen. Aber wir befanden uns dieses Mal nicht hier, um unsere physischen Grenzen auszuloten, sondern suchten in den Ausläufern der Berge mit ihren ausgedehnten Senffeldern nach der nepalesischen Küche jenseits Dhal Bhaat.

Nepal baut 80.000 Tonnen Senfkörner pro Jahr an und deckt damit einen Großteil des riesigen Bedarfs jenseits der Grenze in Indien. Die Senffelder liegen alle weit südlich des Kathmandu-Tales zwischen den Ebenen der Terai-Region und den Himalaja-Ketten. Das erste raffinierte Rezept, auf das wir stießen, war ein Newari-Gericht, das wir noch in einem Restaurant von Kathmandu serviert bekamen. Die Newari-Küche ist traditionell sehr komplex, da sie die prunkvolle Vergangenheit des einstigen Herrschervolks widerspiegelt, und nicht nur historisch besteht eine große Kluft zur schlichten Kost der meisten Nepalesen. Aber seit sich im Kathmandu-Tal eine etwas wohlhabendere Mittelschicht herausgebildet hat, tauchen auf den Speisekarten der Hauptstadt manche der weniger exzentrischen Gerichte aus der Newari-Küche auf. Panch Kol ist ein kräftig gewürztes Curry aus fünf Gemüsesorten, das insofern untypisch für die Newari ist, als es kein Fleisch enthält. Bei den frühen Herrschern Nepals kamen nämlich neben Schweine- und Kalbfleisch sämtliche Stücke vom Büffel auf den Tisch.

Der Gipfel des Mount Everest, 8848 m. Trotz des schroffen Geländes führte nicht weit entfernt eine alte Handelsstraße vorbei, die Lhasa in Tibet mit Kathmandu verband.

PANCH KOL

Panch Kol besteht aus fünf Gemüsesorten — Blumenkohl, Möhren, Spinat, Erbsen und Rettich — und einer kräftig gewürzten Knoblauch-Tomatensoße. Das Gericht wird mit Senfkörnern abgerundet und einem aromatischen Garam Masala bestreut.

FÜR 4 PERSONEN

Für das Garam Masala:
4 grüne Kardamomkapseln, enthülst
1 Strang Macis (Muskatschale)
2 Sternanis
1 Stück Zimtstange (2,5 cm)
4 Gewürznelken

Für das Panch Kol:
1 große Zwiebel, grob gehackt
5 Knoblauchzehen, grob gehackt
1 Stück frischer Ingwer (2,5 cm), geschält und grob gehackt
2 grüne Chilischoten, grob gehackt
350 g Blumenkohl, in kleine Röschen zerteilt
200 g Möhren, in Würfel geschnitten

2 EL Senföl oder Butterschmalz
1 TL Sesamsamen
3 getrocknete rote Chilischoten, gehackt
½ TL Kurkumapulver
400 g Tomaten, püriert
200 g Mooli-Rettich (ersatzweise milder weißer Rettich), gewürfelt
150 g enthülste frische Erbsen
175 g frischer Blattspinat, grob gehackt
1 EL brauner Zucker
1 TL Senföl oder Ghee (Butterschmalz)
1 EL schwarze Senfkörner
Salz nach Geschmack
1 Handvoll Schnittlauch, gehackt
1 Handvoll Koriandergrün, gehackt

OBEN: Die Morgensonne erhellt ein Bergdorf in der Gurkha-Region in Nepal.

LINKS: Diese Gurkha-Frau legt eine Pause beim Kräutersammeln auf den Terrassenhängen in Nepal ein.

Die Zutaten für das Garam Masala in einer kleinen Pfanne trocken anrösten und zu Pulver mahlen.

Zwiebel, Knoblauch, Ingwer und grüne Chilischoten pürieren. Blumenkohl und Möhren halb gar kochen und beiseitestellen. In einem Wok (oder einer großen Pfanne) das Senföl erhitzen und darin Sesamsamen, rote Chilischoten und Kurkuma anrösten, bis die Sesamkörner zu knistern beginnen. Das Zwiebelpüree hinzufügen und weitere 5 Minuten unter regelmäßigem Rühren garen. Das Tomatenpüree ebenfalls hinzufügen und zum Kochen bringen. Die Hitze reduzieren und köcheln lassen, bis die Flüssigkeit verdampft ist.

Rettich, Erbsen, Spinat und braunen Zucker dazugeben und 10 Minuten köcheln lassen, dann das abgetropfte, halb gegarte Gemüse hinzufügen und weitere 5 Minuten köcheln lassen.

In der Zwischenzeit in einer kleinen Pfanne die Senfkörner in Senföl anrösten, bis sie knusprig sind, und über das Curry verteilen.

Zum Schluss mit Salz abschmecken und mit Garam Masala bestreuen. Gut umrühren und mit Schnittlauch und Koriander garniert servieren.

Auf unserer Reise durch die Region südlich von Kathmandu besuchten wir Bhagwati Mandir, ein beliebtes Ziel für nepalesische Hindus, die um göttlichen Beistand bitten. Die Tempelanlage in dem hoch gelegenen Dorf Manakamana ist der Göttin Bhagwati geweiht. Eine solche Wallfahrt bedeutete bis in die jüngste Zeit hinein einen langen, kräftezehrenden Anstieg über steile Pfade, im Schlepptau die Familie, das Gepäck und ein Opfertier. Wie an so vielen Pilgerstätten auf der Welt scheinen die Mühen des Weges ein Teil des Abkommens zu sein, für die man sich Gnade einhandelt. Die Nepalesen finden ihren Beitrag immer noch lobenswert genug – obwohl seit Kurzem eine, in Österreich gebaute, Seilbahn auf den Berg führt. Der nächtliche Fußmarsch zum Gipfel wurde durch einen zweistündigen Rundweg im Tal ersetzt. Seitdem zieht der Tempel nicht nur mehr nepalesische Pilger an, sondern ganze Busladungen von Hindus aus Indien und sogar ausländische Touristengruppen.

Das Ganze erinnert an einen Skiort in den Alpen, bis man merkt, dass sich zwischen den verglasten und geschlossenen Kabinen auch spezielle Käfige für Tiere ohne Rückfahrkarte befinden. Auf dem Gipfel stehen weitere Ziegen und Hühner zum Verkauf bereit – für all diejenigen, die ihre Weihegaben nicht selbst mitgebracht haben. Und da die indischen Hindus das Schlachten von Tieren ablehnen, gibt es für sie eigene Stände mit Ersatzopfern wie Kokosnüssen, Reis, Blumen und Süßigkeiten. Die Pilger stehen in Familiengruppen vor dem Tempel Schlange und warten, bis sie an der Reihe sind, das innere Heiligtum zu betreten.

Die Bittsteller mit Tieren, zu denen an Festtagen oder bei großen Anliegen sogar Büffel gehören, sind fest davon überzeugt, dass sie ihren Opfern einen privilegierten Abgang aus dieser Welt ermöglichen. Sie streicheln die Tiere liebevoll und wispern beruhigende Worte, bis ein Tempelmetzger der Sharki-Kaste sie übernimmt und sie mit einem schnellen Hieb seines Khukhiri-Messers enthauptet. Es ist ohnehin ihr Los, verspeist zu werden, und so hat sich rund um die Tempelanlage ein blühendes Hilfsgewerbe entwickelt, das Feuerstellen betreibt und die geschlachteten Tiere für das anschließende Familienfest zubereitet. Die Hauptverlierer dieses bequemen Pilgertums sind – von den Tieren einmal abgesehen – die Besitzer der Teestuben, Imbissstände und Herbergen, die es überall entlang der alten Wallfahrtswege gab.

Der nächste Abschnitt unserer Nepalreise führte uns aus der kühlen Luft der Berge hinab in die feuchtheißen Dschungel des Südwestens. Die einzigen Übernachtungsmöglichkeiten in dieser Region sind Dschungel-Lodges in Naturschutzparks wie Chitwan und Bardia. In diesen Reservaten hat man den natürlichen Lebensraum einiger der letzten Tiger, wilden Elefanten, Nashörner und Bären, aber auch weniger spektakulärer Tierarten des Subkontinents erhalten. Ein Großteil der Parks ist von Farmland umgeben, meist weiten Feldern mit leuchtend gelb blühendem Senf.

Zwischen den Naturschützern und den Bauern besteht ein gespanntes

Verhältnis. Wildtiere fallen schon mal über die Pflanzungen oder die Nutztiere der Bauern her. Viele Dörfer klagen über Schäden und Verluste durch die unter Schutz stehenden Tiere. Vielleicht auch deshalb brachten uns die Bewohner des Terai keine so herzliche Gastfreundschaft entgegen wie die Menschen in den Bergen Nepals. Da die Bauern in der Mehrzahl zu arm sind, um Fremde zu beköstigen, waren wir ganz auf die Küchen der Lodges angewiesen. Leider bemühen sich die meisten um eine Auswahl internationaler Gerichte, was mitunter zu grässlichen Ergebnissen führt.

Ein Ranger im Chitwan-Naturpark durchquert auf seinem Elefanten einen Fluss. Die Frühnebel, die aus dem Dschungel aufsteigen, künden einen feuchtheißen Tag an.

Dabei schmeckte die einheimische Kost, die uns die Köche auftischten, jedes Mal ganz vorzüglich.

In Chitwan konnten wir, hoch auf einem Elefanten sitzend, jenseits des Waldes die Berge als weißen Wall erkennen. Elefantenritte vermitteln mir immer das bizarre Gefühl, als wate man durch einen tiefen Fluss, ohne nass zu werden. Mit anderen Worten – wir bewegten uns durch dichten Dschungel und kamen wilden Tieren wie Tigern, Lippenbären und Nashörnern sehr nahe, ohne in Lebensgefahr zu geraten.

Abends durften wir den Schlafplatz der Elefanten besichtigen. Es waren etwa zwanzig Tiere, die alle schnarchend auf einer Seite lagen und an riesige graue Felsbuckel erinnerten. Gelegentlich richtete sich einer der Kolosse auf, kaute im Halbschlaf ein Büschel Stroh und ließ sich dann auf die andere Seite fallen. Das machen alle in regelmäßigen Abständen, damit ihre Organe nicht unter dem Gewicht erdrückt werden.

In den Schwemmlandebenen des Terai wurden die Wälder größtenteils gerodet, um Platz für ausgedehnte Felder mit gelb blühendem Senf zu schaffen.

Senfkörner *(Brassica nigra, Brassica juncea)*

Von den drei wichtigsten Senfsorten sind zwei in Europa und eine in Asien heimisch. Während die europäischen Arten von alters her gemahlen und mit Wasser zu einer Paste angerührt werden, ist es in Asien üblich, die braunen Samenkörner zu trocknen und ungemahlen zu verwenden. Bei Gemüsegerichten werden die Senf-körner meist zu Beginn des Garvorgangs in Öl geröstet, bei Salaten und Chutneys trocken geröstet und zum Schluss unter-gehoben. Hülsenfrüchte erhalten einen nussigen Geschmack, wenn man die Körner getrennt röstet und erst gegen Ende der Garzeit zugibt.

Der Handel mit den braunen Senfkörnern bleibt überwiegend auf den indischen Subkontinent beschränkt: Die Ernte der riesigen Senffelder Nepals in den Ausläufern des Himalaja wird fast aus-schließlich nach Indien verkauft. Besonders beliebt sind Senfkörner dort in der Küche des Südens sowie in Gujarat.

In Bardia sahen wir, wie direkt vor uns ein Tiger ein junges Reh riss; das Brüllen des Raubtiers ließ uns das Blut in den Adern erstarren. Wir hatten fest geglaubt, unser Elefant würde uns vor allen Gefahren der Wildnis schützen, und so waren wir nicht wenig erschrocken, als er sich bei dem Gebrüll umdrehte und die Flucht ergriff, offenbar von der gleichen Urangst gepackt wie wir.

NEPALESISCHE FRÜHSTÜCKSKARTOFFELN

In der Narayani Safari Lodge am Rande von Chitwan erhielten wir morgens ein Kartoffelgericht in einer mild gewürzten Tomatensoße. Es passte vorzüglich zu den Spiegeleiern und den Waldpilzen, die auch auf der Speisekarte standen. Wir empfehlen es ebenfalls als Frühstücks-gericht.

FÜR 4 PERSONEN

750 g neue Kartoffeln, klein gewürfelt
½ TL Kurkumapulver
3 TL Ghee (Butterschmalz) oder Butter
2 EL schwarze Senfkörner
3 Knoblauchzehen, fein gehackt
250 g Tomaten, püriert
1 Stück Palmzucker (5 cm) oder 1 EL brauner Zucker
2 EL Koriandersamen und
2 TL Kreuzkümmelsamen, trocken angeröstet bis zur Aromaentfaltung und zu Pulver gemahlen
1 EL Ghee (Butterschmalz) oder Butter
1 EL Kreuzkümmelsamen
Salz und Pfeffer nach Geschmack
1 Handvoll Koriandergrün, gehackt

In einem großen Topf die Kartoffeln zusammen mit Kurkuma gar kochen. Abgießen und beiseitestellen.

In einem großen Wok das Ghee erhitzen und die Senfkörner hinzufügen. Sobald sie zu knistern beginnen, den Knoblauch hinzufügen und mitrösten, bis er braun wird. Pürierte Tomaten, Palmzucker und ⅜ l Wasser dazugeben und zum Kochen bringen. Dann bei schwacher Hitze köcheln lassen, bis die Flüssigkeit verdampft ist. Den gemahlenen Koriander und Kreuzkümmel sowie die abgetropften Kartoffeln hinzufügen, gut umrühren und weitere 5 Minuten köcheln lassen.

In der Zwischenzeit in einer kleinen Pfanne einen 1 EL Ghee erhitzen und die Kreuzkümmelsamen anrösten, bis sie zu knistern beginnen. Aus dem Fett nehmen und über die Kartoffeln streuen.

Zum Schluss mit Salz und Pfeffer abschmecken und mit gehacktem Koriandergrün garnieren. Mit Spiegeleiern und Pilzen zum Frühstück servieren.

Asien

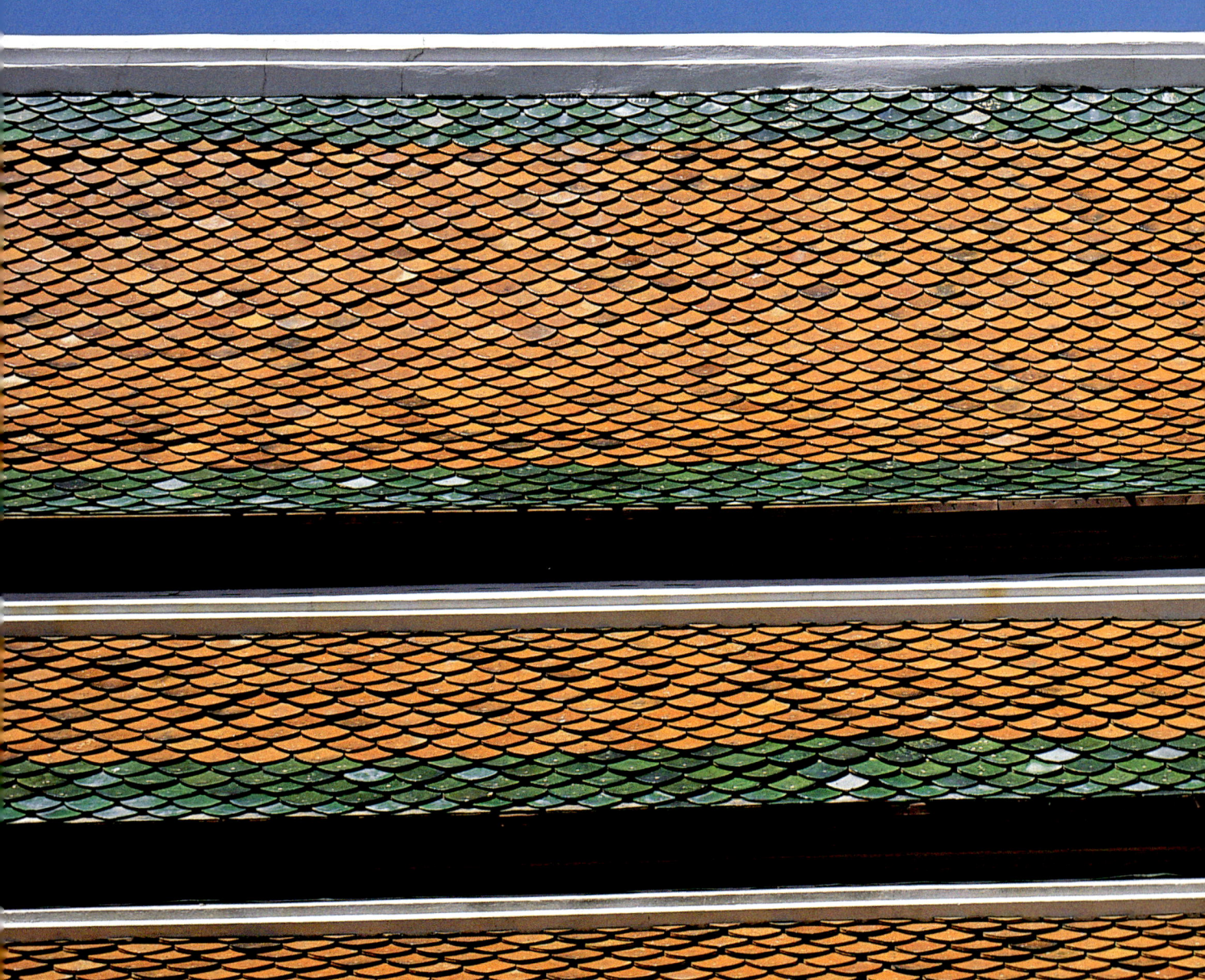

Die Seewege zwischen der indischen Malabarküste, Arabien und den Inseln des Südchinesischen Meeres waren nicht die einzigen frühen Gewürzrouten von und nach Asien. Es gab daneben lange Wege über Land, zum einen durch die ausgedehnten Wüsten und Steppen, die China von den arabischen Gebieten Kleinasiens und den Städten des Mittelmeers trennten, zum anderen über den Himalaja und durch die Dschungelregionen zwischen China und dem indischen Subkontinent.

Chinas wichtigster Exportartikel war Seide. Die Handelsstraßen nach Westen, entweder über Samarkand und den Tien-shan oder über Kaschgar und die Wüste Takla-Makan entstanden bereits zu Lebzeiten von Konfuzius (551–479 v. Chr.). Die Seidenstraßen waren ihrerseits durch die Karakorum- und Pamir-Pässe mit den indischen Häfen am Indus und Ganges verbunden. So erhielt China nicht nur Pfeffer aus Indien, sondern führte auf dem Seeweg Nelken und Muskatnuss von den Gewürzinseln ein. Aus dem Westen kamen bis dahin unbekannte Gewürze wie Fenchel und Sesam, die bis heute wichtige Zutaten in der chinesischen Küche geblieben sind.

Im Jahr 1271 begab sich Marco Polo auf eine 24-jährige Reise, die ihn von Venedig über Land nach China und Burma und auf dem Seeweg zurück über Südosasien, die Malabar- und Gujarat-Häfen Indiens und den Persischen Golf führte. Die Handelsbeziehungen, die er zwischen dem aufstrebenden italienischen Stadtstaat und dem Fernen Osten knüpfte, trugen dazu bei, dass sich Venedig im 14. und 15. Jahrhundert zur reichsten und mächtigsten Metropole Europas entwickelte.

Die Ming-Dynastie, die nach den Mongolen die Herrschaft in China übernahm, behielt die Kontakte zu Europa und der übrigen Welt bei, und im 15. Jahrhundert drangen chinesische Dschunken in immer fernere Gewässer vor. Chinesische Kaufleute ließen sich in fremden Häfen nieder, mehr in der Absicht, Handel zu treiben als Kolonien zu errichten, und begründeten damit die Tradition der Chinatowns rund um die Welt. Gewürze aus China hatten bald ihren festen Platz in den Kochrezepten rund um den Indischen Ozean und das Südchinesische Meer, während die chinesische Küche durch den steten Strom von Gewürzen aus Europa, Arabien, Indien und Südostasien beeinflusst wurde.

RECHTS: Radfahrer am Fuße der chinesischen Huang-Shan-Berge genießen die herrliche Landschaft und die Ruhe, die sie umgibt.

VORHERGEHENDE SEITE: Tempeldächer in vielfältigen Formen und Farben schmücken die Skyline von Bangkok, der einzigen Hafenstadt Asiens, die frei von Kolonialherren blieb, als die Europäer den Gewürzhandel in Fernost beherrschten.

In der Mitte des 15. Jahrhunderts stockten dann die Expeditionen, als sich China immer stärker gegen die Außenwelt abzuschotten begann und zuletzt jegliche Auslandsreisen verbot. Der Zeitpunkt dieser Isolationspolitik war höchst bedeutsam. Der europäische Bedarf an Gewürzen stieg ständig, und die hohen Preise aufgrund des Monopols, das sich Venezianer und Mamelucken teilten, beschleunigten das große Zeitalter der maritimen Entdeckungen durch die Portugiesen und Spanier. Durch das Ende der chinesischen See- und Entdeckermacht wurden die Gewürzländer Südostasiens besonders anfällig für eine Ausbeutung durch die Europäer.

Den Anfang machten die Portugiesen. Sie eroberten 1511 Melaka auf ihrem Weg nach Macao, das 1557 die erste europäische Besitzung in China wurde. Aber die Spanier, die aus der entgegengesetzten Richtung über das kurz zuvor entdeckte Amerika kamen, ließen nicht lange auf sich warten. Sie erreichten 1527 die Gewürzinseln (wie die Molukken damals hießen), die als Lieferanten exotischer Spezereien eine wichtige Rolle spielten, konzentrierten sich jedoch darauf, die Philippinen zu kolonisieren und deren Bewohner zum Katholizismus zu bekehren. Die Portugiesen dominierten die Gewürzrouten Südostasiens nur relativ kurz; als wichtigste Neuerung brachten sie der Region die Chilischote aus Amerika mit, die sich in der asiatischen Küche rasch durchsetzte und die Würztraditionen radikal veränderte.

Die Niederländer hatten einen weit größeren Einfluss auf die Gewürzinseln, obwohl sie gegen die starke Konkurrenz der Briten zu kämpfen hatten. Zunächst hatte sich der holländische Seehandel ganz darauf beschränkt, in Lissabon Gewürze zu laden und die Fracht zu den Ostseehäfen zu transportieren. Aber die antikatholischen Kampagnen Wilhelms von Oranien hatten zur Folge, dass holländische Schiffe aus portugiesischen und spanischen Häfen und Gewässern verbannt wurden; den Niederländern blieb keine andere Wahl, als neue Wege zu den Ursprungsländern der Gewürze zu erkunden. Der Durchbruch gelang 1597. Obwohl die ausgesandte Gewürzflotte unterwegs mehr als zwei Drittel ihrer Mannschaft durch Skorbut und andere Widrigkeiten verlor, kehrte sie mit einer wertvollen Ladung Nelken, Muskatnuss und Macis heim. Das Monopol der Portugiesen war gebrochen.

Die Niederländer sprachen bald ein gewichtiges Wort im Welthandel mit. Die Kaufleute von Amsterdam schlossen sich zur holländischen Ostindien-Kompanie zusammen, und Verbände von schwer bewaffneten Flottillen segelten zu den Gewürzinseln. Von den Spaniern drohte wenig Gefahr, da die Briten 1588 einen Großteil der Kriegsflotte von Philipp II. zerstört hatten. Portugiesische Schiffe boten ein leichtes Angriffsziel, da sie meist allein unterwegs waren, und indische, malaiische, javanische und arabische Segelboote ließen sich selten auf eine Kraftprobe ein. Nur die Briten forderten die Niederländer heraus. Der erste Engländer, der (1579) die

OBEN: Reichliche Niederschläge und tropische Sonnenwärme bilden in Indonesien die ideale Voraussetzung sowohl für den Anbau von Reis und Gemüse als auch von Gewürzen.

GEGENÜBER: Überall auf dem indonesischen Archipel sieht man solche Hangterrassen mit Nassreisfeldern.

OBEN: Fisch spielt in der Küche der indonesischen Inselwelt naturgemäß eine wichtige Rolle. Entsprechend groß ist das Marktangebot wie hier auf der Insel Lombok.

RECHTS: Ein Wasserfall mitten im üppigen Dschungel von Lombok.

Gewürzinseln erreichte, war Francis Drake, der in westlicher Richtung aufbrach, die Magellanstraße an der Südspitze des südamerikanischen Kontinents durchfuhr und den Pazifik überquerte. Es gelang ihm, mit einem einheimischen Sultan einen Vertrag abzuschließen und auf diese Weise den Gewürzhandel mit den Engländern zu sichern. Seine triumphale Rückkehr nährte die englischen Ambitionen, durch den Gewürzhandel im Fernen Osten Reichtümer zu erwerben.

Am 31. Dezember 1600 wurde eine englische Ostindien-Kompanie gegründet. In ihrem Konflikt mit dem katholischen Spanien vereint, mieden die Niederländer und Briten zunächst jede Rivalität, aber die Harmonie war nur von kurzer Dauer. Die Täuschungsmanöver und Feindseligkeiten zwischen holländischen und englischen Kaufleuten erreichten ihren Höhepunkt 1620, als die Niederländer die Briten von der Muskatnuss-Insel Run vertrieben – der einzigen unter den Gewürzinseln, die vollständig unter englischer Kontrolle stand. Schließlich verließen die Engländer die Gewürzinseln ganz. Sie konzentrierten sich auf den Pfefferhandel mit Indien und fanden eine völlig neue Route, auf der sie Tee aus China gegen indisches Opium eintauschten.

Mit dem Besitz von Run dominierten die Niederländer nun ganz Südostasien. Bis zum Jahr 1663 besetzten sie Malakka, Cochin und einen Großteil von Ceylon und hatten in Kapstadt einen sicheren Hafen für ihre Seeroute. Amsterdam entwickelte sich zu einer der reichsten Hafenstädte der Welt, und das von den Niederländern kontrollierte Batavia (heute Jakarta) wurde der asiatische Mittelpunkt des Gewürzhandels. Die Kolonialpolitik der Niederländer war vordringlich vom Profit diktiert. Sie manipulierten die Märkte für Nelken, Muskatnuss und Macis, indem sie Teile der Ernte verbrannten, um die Preise nach oben zu treiben. Durch den neuen Wohlstand konnten im Mutterland gewaltige Projekte zur Entwässerung und Landgewinnung in Angriff genommen werden. Architektur und Kunst erlebten eine Blütezeit.

Portugal behielt ein kleines Territorium in Osttimor, konzentrierte seine asiatischen Aktivitäten aber auf Goa und Macao. Spanien herrschte über die Philippinen, bis die Inseln 1898 die erste Kolonie der USA in Asien wurden. Großbritannien kontrollierte Singapur und Malaya, während Frankreich Kolonien in Indochina gründete. Beide Nationen beuteten Land und Leute ähnlich aus, wie es die Niederländer in Indonesien taten. Das einzige Land in Südostasien, das frei von europäischen Kolonien blieb, war Siam (Thailand). Deshalb spielten typische Thai-Gewürze wie Limettenblätter, Galgant und Zitronengras auf den frühen Gewürzrouten eine weit geringere Rolle als Pfeffer, Nelken und Muskatnuss. Mit der wachsenden Popularität der Thai-Küche sind diese Spezialitäten jedoch mittlerweile fast überall auf der Welt erhältlich.

Bangkok

Wir hatten ein etwas schlechtes Gewissen, als wir den Unterrichtsraum betraten, aber wir beruhigten uns, dass wir ja schließlich nicht gekommen waren, um Rezepte zu kiebitzen – uns lag vor allem daran, mehr über die Thai-Küche zu erfahren. Deshalb hatten wir uns für einen viertägigen Kochkurs der Thai Cooking School im Oriental Hotel von Bangkok angemeldet. Wir lieben Thai-Gerichte, und das Oriental schien das passende Ambiente für unseren geplanten Aktivurlaub zu bieten.

An dem Kurs nahmen außer uns drei europäische Bekannte teil, deren Ehemänner in Bangkok arbeiteten, ein Flitterwochen-Paar aus Kalifornien, zwei englische Gourmets, die sich auf dem Weg zu einem Familienbesuch in Australien befanden, und ein einsamer Holländer, der eifrig Videoaufnahmen machte, während sich alle anderen mit Notizen begnügten. Mister Prem, unser Lehrer, war ein Meister seines Fachs.

Am ersten Tag zeigte er uns die Zubereitung von Kräuter-Erdnuss-Soße mit knusprigen Reis-Chips, frittierten Riesengarnelen-Rollen, Goabohnen-Salat mit Kräutern und Chili-Chutney. Ebenso interessant waren seine Tipps hinsichtlich der Thai-Zutaten, etwa wie man die vielen verschiedenen Nudelsorten auseinanderhält und verwendet, wie man bitteren Geschmack durch die Kombination von Kräutern neutralisiert oder woran man eine gute Fischsoße erkennt. Letztere wird, wie wir erfuhren, einzig und allein aus winzigen Anchovis hergestellt und verleiht trotz eines unangenehmen Gärungsprozesses vielen Thai-Gerichten einen besonders ansprechenden Geschmack. Dagegen wird bei billigeren Versionen alles mögliche Meeresgetier fermentiert, was den empfindlichen Mägen der Europäer nicht immer bekommt und das abenteuerliche Aroma mancher Gerichte im ländlichen Thailand erklärt.

An den nächsten Tagen versuchten wir uns an würzigen Suppen, sahnigen Currys und köstlichen Desserts. Wir dünsteten, brutzelten und sautierten und gestalteten mit Messern und Hobeln kunstvolle Gebilde aus Früchten und Gemüsen. Wir lernten in dem Kurs viele neue Rezepte kennen, die wir in London mit kleinen Abweichungen nachkochen konnten. Unsere Angst, als kulinarische Spione entlarvt zu werden, legte sich bald, als wir mit dem einsamen Holländer plauderten. Er besaß im südlichen Touristenzentrum Phuket ein Restaurant mit Bar, besuchte den Kurs aber nicht, um selbst kochen zu lernen, sondern um ein Lehrvideo für seine Köche zu drehen.

**Der Blumenmarkt an den Ufern des Königsflusses Chao Phraya
bot uns jeden Morgen einen farbenfrohen Anblick.**

Die Nachmittage und Abende waren frei, und da in Bangkok die meisten Läden lange geöffnet haben, konnten wir unsere geplanten Einkäufe erledigen, ohne den kostbaren Tag dafür zu opfern. Am bequemsten kauft man in den klimatisierten Läden um die Silom-Straße hinter dem Hotel oder in den vielen Etagen des River-City-Komplexes ein. Mehr Spaß macht das Handeln auf dem Chatuchak, dem riesigen Wochenendmarkt im Norden der Stadt. Hier sind auch sämtliche Zutaten erhältlich, die man für die Zubereitung von Thai-Rezepten braucht.

Wir waren die einzigen Touristen in den weitläufigen Buddha-Fabriken der Seitengässchen von Phra Nakhon. Da gab es zu Hunderten gestapelte kleine, anmutige Figuren, Kolosse, die per Gabelstapler bewegt wurden, Skulpturen, die gerade

Im Tempel Wat Pho fanden wir die größte Sammlung alter Buddha-Bildwerke von ganz Thailand. Besonders angetan hatte es mir diese Kolossalfigur eines liegenden Buddha.

Galgant *(Alpinia galanga)*
Galgant ist eine Art Ingwerwurzel aus Asien. Der mildere Thai-Galgant wird meist zusammen mit Zitronengras in der thailändischen, malaysischen und indonesischen Küche verwendet. Galgant aus China schmeckt kräftiger und schärfer. Wie Zitronengras und Kaffir-Limettenblätter hat Galgant erst in jüngster Zeit Anhänger im Westen gefunden.

Zitronengras *(Cymbopogum flexuosus)*
Zitronengras ist ein tropisches Grasgewächs aus Südostasien, wo die Stängel wegen ihres zitronenartigen Geschmacks sehr beliebt sind. Aus den Blättern lässt sich ein angenehm belebender Tee brühen.

Kaffir-Limette *(Citrus hystrix)*
Der in Südostasien heimische Kaffir-Limettenbaum trägt paarweise angeordnete Blätter und bittere Früchte. Meist verwendet man die Blätter, in manchen Gerichten aber auch das Fruchtfleisch. In Thailand und Malaysia werden vor allem Suppen und Soßen mit Kaffir-Limetten aromatisiert.

den letzten Schliff in Form einer Schutzschicht erhielten, und viele mehr, die in langen Reihen auf den Abtransport warteten.

Unser Bootsausflug in das Labyrinth der Kanäle oder *Klongs* von Bangkok war ebenfalls ein großes Erlebnis und sehr viel interessanter als der Besuch der schwimmenden Märkte, der zum Routineprogramm der Touristen gehört. Die Klongs führen einen schon bald aus der Stadt heraus und münden in Feuchtgebiete ohne Straßen, wo sich Holzhäuser auf Stelzen zu malerischen kleinen Vororten reihen, in denen die Menschen noch nach ihren alten Traditionen leben.

TOM KHA GAI

Diese Kokosmilchsuppe enthält alles, was für die Küche Thailands steht: eine schlichte Kombination von Galgant, Zitronengras, Limettenblättern, gehacktem Koriandergrün und Chilischoten – Zutaten, die sich mit einer köstlichen Frische auf der Zunge entfalten.

FÜR 4 PERSONEN
½ l Kokosmilch
1 Stück Galgantwurzel (4 cm), in dünne Scheiben geschnitten
3 Zitronengrasstängel, mit einem Nudelholz flach gedrückt und in Stücke (2,5 cm) geschnitten
8 Limettenblätter, halbiert
100 g Shiitake-Pilze, geviertelt
300 g Hähnchenbrust, Haut entfernt und in Scheiben geschnitten
3 EL Fischsoße
1½ EL brauner Zucker
4 EL Limettensaft
1 Bund Koriandergrün, gehackt
3 rote Chilischoten, in feine Streifen geschnitten

In einem Topf die Hälfte der Kokosmilch sowie ⅜ l Wasser zusammen mit Galgant, Zitronengras und Limettenblättern erhitzen (aber nicht aufkochen lassen). Kurz bevor die Milch zu kochen beginnt, Pilze, Hähnchenfleisch, Fischsoße und Zucker hinzufügen, den Deckel auflegen und schwach köcheln lassen, bis das Fleisch gar ist. Die restliche Kokosmilch und 50 ml Wasser hinzufügen und erneut erwärmen. Dann vom Herd nehmen.

Jeweils 1 EL Limettensaft auf den Boden jeder Suppenschale geben und die Suppe darübergießen. Mit Koriandergrün und roten Chilistreifen garniert servieren.

SALAT VON GRÜNEN BOHNEN UND KRÄUTERN

Dieser Salat ist ebenso als Beilage wie als getrennte Vorspeise geeignet. Die Zutaten vereinigen verschiedene Aromen auf einzigartige Weise.

FÜR 4–6 PERSONEN

100 g Erdnüsse, Haut entfernt

125 g frisches Kokosfleisch (*S. 60*), in dünne Scheiben geschnitten

125 g Tofu, in Scheiben geschnitten

Öl zum Frittieren

2 EL brauner Zucker

2 EL Fischsoße

4 EL Limettensaft

300 g grüne Bohnen, blanchiert und in feine Streifen geschnitten

150 g Sojasprossen

175 g gekochte kleine Garnelen, halbiert

8 Schalotten, in dünne Ringe geschnitten

2 rote Chilischoten, in dünne Ringe geschnitten

8 Limettenblätter, in dünne Streifen geschnitten

2 Zitronengrasstängel, in feine Streifen geschnitten

1 Handvoll Basilikumblätter, grob gehackt

1 Handvoll Korianderblätter

In einer kleinen Pfanne die Erdnüsse goldbraun anrösten. Vom Herd nehmen und im Mixer fein hacken. In derselben Pfanne das Kokosfleisch goldbraun anrösten. Vom Herd nehmen und beiseitestellen. Dann in der Pfanne den Tofu in Öl frittieren.

In einer großen Schüssel eine Marinade aus braunem Zucker, Fischsoße und Limettensaft anrühren. Blanchierte grüne Bohnen, Sojasprossen, Garnelen, Schalotten, Chilis, Limettenblätter, Zitronengras, Basilikumblätter und gemahlene Erdnüsse hinzufügen. Alle Zutaten gut vermischen.

Den Salat auf eine Platte geben und die gebräunten Tofu- und Kokosfleischscheiben darauf verteilen. Mit Korianderblättern garniert servieren.

Salat von grünen Bohnen mit Kräutern

Lombok

Lombok gehört zu den Kleinen Sunda-Inseln östlich von Java und Bali und wurde vom frühen 17. Jahrhundert bis 1894 von den Balinesen kolonisiert. Ihr Einfluss ist vor allem im Westteil der Insel spürbar, wo es heute noch viele Relikte ihrer Herrschaft gibt, darunter Tempel und einen Wasserpalast sowie einen hohen balinesischen Bevölkerungsanteil. «Spezialitäten» auf den Speisekarten von Restaurants und Cafés sind fast immer balinesischer Herkunft.

Die meisten Bewohner von Lombok sind Nachkommen der Sasak, frühen Einwanderern aus einem Teil Asiens nahe Burma. Obwohl die Sasak-Kultur durch den Islam, den balinesischen und holländischen Kolonialismus und in jüngerer Zeit durch die zentralistische Regierung in Jakarta stark beeinflusst wurde, gibt sie der Insel immer noch ihren besonderen Reiz. Anders als auf Bali finden hier die traditionellen Hochzeits- und Bestattungszeremonien überwiegend im privaten Rahmen statt. Es gibt viele Dörfer, in denen sich das Leben noch genauso abspielt wie vor Jahrhunderten: Die Menschen unterhalten sich in der komplizierten Sasak-Sprache und betreiben Landwirtschaft und Fischfang für den Eigenbedarf: Mit Ochsengespannen bestellen sie ihre Reis- und Gemüseäcker auf den fruchtbaren Hängen des Rinjani-Vulkans, wenn sie nicht mit ihren *Prahu*, eleganten, bunt bemalten Auslegerbooten, aufs Meer hinausfahren. Lombok ist eine Trauminsel, mit üppig grünen Feldern zwischen Palmenhainen, kilometerlangen weißen Sandstränden und dem zeitlosen Charme des einfachen Lebens.

Das Wort «Lombok» bedeutet in Bahasa-Indonesisch Chili, und tatsächlich spielt die Chilischote in den Kochtraditionen der Insel eine wichtige Rolle. Zwar gibt es in den Dörfern kaum Lokale, aber in der Inselhauptstadt Mataram empfahl man uns ein Restaurant namens Dua Em, das einige scharfe Sasak-Gerichte auf seiner Speisekarte führte. Die Bambusveranda, auf der wir um einen niedrigen Tisch herum am Boden Platz nahmen, gab den Blick auf einen Garten mit tropischer Vegetation frei – eine verführerische Kulisse für exotische Genüsse. Ich entschied mich zunächst für Kelor, eine klare Suppe aus einer Art Wasserspinat namens Kangkung, die einen angenehm pfeffrigen Geschmack hatte. Der Hauptgang, gebratenes Hähnchenfleisch mit Banane, Kokossaft und einer sehr scharfen Chilisoße namens Bumbu, war vorzüglich. Die Beilage aus kleinen Auberginen in Plecing-Soße allerdings roch und schmeckte penetrant fischig.

Diesen jungen Ananasverkäuferinnen begegneten wir am Strand von Lombok.

Unterwegs gab es weder Restaurants noch Tankstellen (wir mussten das Benzin für unseren Jeep aus großen Blechkanistern am Straßenrand kaufen). Aber wir entdeckten ein Hotel, das an Extravaganz kaum zu überbieten ist. Im Lombok Oberoi genossen wir Luxus pur. Die balinesische Speisekarte ließ nichts zu wünschen übrig, ebenso wenig wie die zweistündige *Lulur*-Behandlung, die im Prospekt als Spezialservice für Hochzeitsreisende angepriesen wird: Nach einer gründlichen Ganzkörperreinigung mit aromatischen Lotionen wurden wir von Kopf bis Fuß mit einer Joghurtschicht bedeckt und in einem warmen, mit Jasmin-, Frangipani- und Ylang-Ylang-Blättern bestreuten Pool gebadet. Den Abschluss bildete eine entspannende Tiefenmassage. Während der ganzen Zeremonie mussten wir übrigens komische Wegwerf-Unterhosen tragen. In einer Papierunterhose und dick mit Joghurt beschmiert im Bett zu sitzen – so stelle ich mir die ultimativen Flitterwochen vor!

SCHARF GEWÜRZTE INDONESISCHE GARNELEN

FÜR 4 PERSONEN

3 EL Sonnenblumenöl
1 rote Zwiebel, in dünne Scheiben geschnitten
2 Knoblauchzehen, zerdrückt
3 rote Chilischoten, in feine Streifen geschnitten
500 g Garnelen
½ TL zerkleinerter getrockneter Chilipfeffer
½ TL Kurkumapulver
2 mittelgroße Tomaten, klein gewürfelt
2 Zitronengrasstängel, in feine Ringe geschnitten

1 Stück Galgant (2,5 cm), geschält und gerieben
175 ml Kokosmilch
1 TL Tamarindenpaste, in 60 ml warmem Wasser aufgelöst
½ TL frisch gemahlener schwarzer Pfeffer
1 Bund Frühlingszwiebeln, in feine Ringe geschnitten
Salz nach Geschmack
175 g Sojasprossen
1 Handvoll Korianderblätter, gehackt

In einem Wok (oder einer großen Pfanne) das Öl erhitzen und Zwiebel, Knoblauch und Chilis darin weich braten. Die Garnelen hinzufügen und unter Rühren garen. Dann die zerkleinerten Pfefferschoten und das Kurkumapulver 30 Sekunden mitgaren, danach die Tomatenwürfel hinzufügen und unter ständigem Rühren 3 Minuten garen. Zitronengras und Galgant dazugeben und weitere 30 Sekunden garen.

Die Kokosmilch und das Tamarindenwasser dazugießen. Mit schwarzem Pfeffer bestreuen und 3 Minuten schwach köcheln lassen. Dann mit den Frühlingszwiebeln bestreuen und mit Salz abschmecken.

Mit Sojasprossen und Koriandergrün garniert servieren.

Gewürznelken (*Syzygium aromaticum*)
Ähnlich wie Muskatnuss und Macis waren Gewürznelken ursprünglich nur auf wenigen abgelegenen Inseln der indonesischen Molukken heimisch und waren schon früh eines der begehrtesten Produkte im Gewürzhandel, der zunächst von Asiaten, dann von Portugiesen, Niederländern, Franzosen, Briten und Arabern beherrscht wurde.
Das Nelkengewürz trat vom östlichen Mittelmeerraum her seinen Siegeszug durch Europa an und verbreitete sich weit rascher als Muskatnuss.
Die getrockneten Blütenknospen des Nelkenbaums besitzen ein unverwechselbares intensiv süß-scharfes Aroma. Sie werden für Kompotte und Lebkuchen verwendet, geben aber auch Braten und Fisch einen pikanten Geschmack. Nelken sind ein wesentlicher Bestandteil des indischen Garam Masala, der französischen Quatre épices und der chinesischen Fünfgewürzmischung.
Heute ist Sansibar der Hauptlieferant von Gewürznelken, und ein Großteil der Ernte findet ihren Weg zurück nach Indonesien, wo man sie zur Herstellung der beliebten Kretek, der Nelkenzigaretten, benötigt. Nelkenöl wird auch als Konservierungsmittel und ferner als Antiseptikum in der Zahnheilkunde verwendet.

Scharf gewürzte indonesische Garnelen

INDONESISCHE SATAY-SPIESSCHEN

Diese Kombination von Marinade und Soße kann für jedes Grillgut (Gemüse, Tofu, Geflügel, Fleisch, Fisch) verwendet werden. Marinieren Sie 1 kg Grillgut Ihrer Wahl, während Sie die Satay-Soße zubereiten. Dann die Grillspießchen herrichten.

FÜR 4–6 PERSONEN

Für die Marinade:

3 TL Koriandersamen

½ TL Kurkumapulver

3 Knoblauchzehen, grob gehackt

2 rote Chilischoten, grob gehackt

1 Stück Ingwer (5 cm), grob gehackt

1 Zitronengrasstängel, in feine Ringe geschnitten

1 Stück (4 cm) Palmzucker oder 3 TL brauner Zucker

1 Handvoll Koriandergrün, gehackt

Saft einer Limette

2 EL Sonnenblumenöl

Für die Satay-Soße:

175 g Erdnüsse, aus der Schale gelöst

2 TL Koriandersamen

1 TL Fenchelsamen

1 TL Kreuzkümmelsamen

4 rote Chilischoten, grob gehackt

2 Zitronengrasstängel, fein gehackt

5 Schalotten, geschält und grob gehackt

2 Knoblauchzehen, grob gehackt

1 TL Garnelenpaste

8 Kemirinüsse (ersatzweise Makadamianüsse oder Cashewkerne)

1 TL Tamarindenpaste

2 EL Sonnenblumenöl

175 ml Kokosmilch

2 EL helle Sojasoße

1 Stück (8 cm) Palmzucker oder 1 EL brauner Zucker

Salz nach Geschmack

Für die Marinade die Koriandersamen zunächst in einer kleinen Pfanne anrösten, dann zusammen mit den übrigen Marinadezutaten im Mixer zu einer glatten Paste vermischen und damit das Grillgut (ca. 1 kg) bestreichen. 1 Stunde einziehen lassen.

Für die Satay-Soße in einer kleinen Pfanne die Erdnüsse bei geringer Hitze anrösten, bis sie anfangen braun zu werden. Vom Herd nehmen und fein hacken. Koriander-, Fenchel- und Kreuzkümmelsamen anrösten, bis sie ihr Aroma entfalten. Vom Herd nehmen und zu Pulver mahlen. Mit Chili, Zitronengras, Schalotten, Knoblauch, Garnelenpaste und Kemiri zu einer Paste pürieren.

Die Tamarindenpaste in kochendem Wasser auflösen und beiseitestellen. In einem Topf das Öl erhitzen und die Gewürzpaste eine Minute lang unter ständigem Rühren erhitzen. Die gemahlenen Erdnüsse dazugeben und unterrühren. Tamarindenwasser, Kokosmilch, Sojasoße und Palmzucker hinzufügen und alles gut miteinander vermischen. Zum Kochen bringen, zugedeckt unter gelegentlichem Rühren bei schwacher Hitze köcheln lassen, bis die Flüssigkeit verdampft ist. Mit Salz abschmecken.

Marinierte Zutaten auf Spießchen stecken und grillen. Sehr heiß und mit viel Satay-Soße servieren.

Chilischoten finden in der indonesischen Küche reichlich Verwendung.

Die Malakkastraße

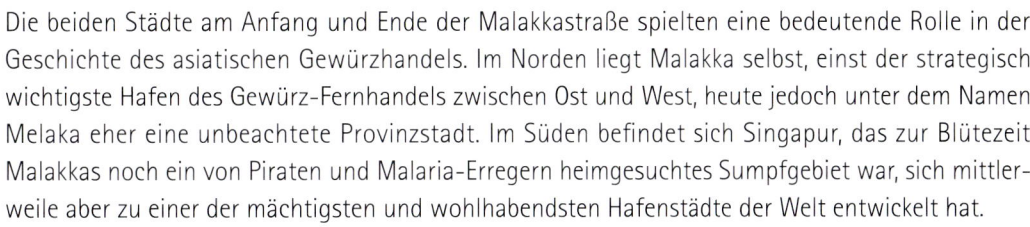

Die beiden Städte am Anfang und Ende der Malakkastraße spielten eine bedeutende Rolle in der Geschichte des asiatischen Gewürzhandels. Im Norden liegt Malakka selbst, einst der strategisch wichtigste Hafen des Gewürz-Fernhandels zwischen Ost und West, heute jedoch unter dem Namen Melaka eher eine unbeachtete Provinzstadt. Im Süden befindet sich Singapur, das zur Blütezeit Malakkas noch ein von Piraten und Malaria-Erregern heimgesuchtes Sumpfgebiet war, sich mittlerweile aber zu einer der mächtigsten und wohlhabendsten Hafenstädte der Welt entwickelt hat.

Die Meerenge stellte für Schiffe die kürzeste Route zwischen dem Südchinesischen Meer und dem Indischen Ozean dar. Schon früh durchfuhren sie Händler aus China, Indien, Siam und Indonesien regelmäßig, um von den Anbaugebieten zu den Märkten der Gewürze zu gelangen. Der Hafen lag günstig auf halbem Wege zwischen China und Indien, und die Straße verband die Gewürzinseln mit der indischen Malabarküste.

Malakka war mehr als nur eine wohlhabende Hafenstadt. Aus der um 1400 von dem Hindu-Prinzen Paramesvara aus Sumatra gegründeten Siedlung entstand im Laufe der Zeit ein mächtiges Handelsreich, das vielen Exilchinesen eine neue Heimat bot. Gewürzhändler aus Gujarat brachten den Islam nach Malakka und konnten einen Nachfolger von Paramesvara zu dem neuen Glauben bekehren. Auf der Suche nach einer europäischen Handelsroute zu der Heimat von Muskatnuss und Gewürznelken fuhr im Jahr 1511 eine portugiesische Flotte unter Afonso de Albuquerque in die Malakkastraße ein. Portugal eroberte Malakka und hielt die Stadt ein Jahrhundert lang besetzt. Die zunehmende Kontrolle der asiatischen Gewürzrouten bescherte den Portugiesen großen Wohlstand. Sie errichteten eine Festung und führten in der eurasischen Kolonie ihre Sprache und Religion ein. Versuche, auch die einheimische Bevölkerung zum Katholizismus zu bekehren, scheiterten jedoch größtenteils und hatten zur Folge, dass muslimische Seeleute Malakka boykottierten. Das änderte sich erst, als die protestantischen Niederländer die Portugiesen vertrieben und sich ganz darauf konzentrierten, den Hafen in ihre Südostasien-Besitzungen einzugliedern.

Während der Napoleonischen Kriege in Europa übernahm England den Schutz der holländischen Gebiete gegen die Franzosen. Nach der Niederlage Frankreichs waren die Briten nicht mehr bereit, die Kontrolle der Niederländer über den Gewürzhandel der Region hinzunehmen, und handelten eine Abtretung Malakkas an die englische Krone aus. Schlüsselfigur in diesen Verhandlungen von 1824 war Sir Stamford Raffles, der ein Jahr zuvor bereits einen Freihafen auf der Insel Singapur gegründet hatte und damit England die Kontrolle über Ein- und Ausfahrt der Malakkastraße sicherte. Malakka und Singapur wurden zusammen mit Penang im Norden als die sogenannten «Straits Settlements» bekannt, die eine entscheidende Rolle im britischen Opiumhandel zwischen Indien und China und im Teegeschäft zwischen China und Europa spielen sollten. Während Malakka schon bald an Bedeutung verlor, zogen Penang und Singapur Scharen von Chinesen und Indern an.

Singapurs großer Aufschwung begann mit der Eröffnung des Suezkanals 1869. Damals wurde die Stadt zu einer wichtigen Drehscheibe zwischen London und dem Fernen Osten. Als Singapur 1965

Sonnenuntergang an der Malakkastraße

seine Unabhängigkeit erhielt, bestand der größte Teil der Einwohner aus Exilchinesen, die ihre Kochtraditionen und Gewürze aus der Heimat mitgebracht hatten.

Außer Haus zu essen gehört zum Alltag der Bewohner in den Hafenstädten der Malakkastraße. Am einfachsten und preiswertesten erhält man frisch zubereitete chinesische Gerichte in einer der Garküchengassen, wo an Dutzenden von Ständen eifrig geschnippelt und gehackt und in dampfenden Woks gerührt wird.

Heute ist Melaka eine romantische und stimmungsvolle Enklave mit halb ver-

Die moderne Architektur in Melaka – dem ehemaligen Malakka – besteht ähnlich wie in Singapur aus Glas-, Stahl- und Betonhochhäusern. In der Altstadt jedoch stößt man noch auf Bauwerke wie diese niederländische Kirche im Kolonialstil – Relikte einer bewegten Vergangenheit.

fallenen Kirchen im holländischen und portugiesischen Kolonialstil und Straßenzügen mit Läden chinesischer Einwanderer. Das «Teufelscurry» unten entdeckten wir in einem Lokal an der Medan Portugis.

TEUFELS-CURRY AUS MELAKA

Dieses Rezept ist portugiesischen Ursprungs. Auberginen, Pilze und Wasserkastanien werden mit Gewürzen aus Indien und Südostasien zu einem Gericht kombiniert, das auch gut mit Fleisch zubereitet werden kann.

FÜR 4–6 PERSONEN

4 EL Sonnenblumenöl
1 gehäufter TL schwarze Senfkörner
1 gehäufter TL Bockshornkleesamen
2 große rote Zwiebeln, fein gehackt
3 Knoblauchzehen, fein gehackt
1 Stück Ingwer (5 cm), gehackt
6 rote Chilischoten, in feine Ringe
  geschnitten
250 g Baby-Auberginen, längs halbiert
Salz nach Geschmack
200 g Shiitake-Pilze, geviertelt
200 g Austernpilze, in dicke Scheiben
  geschnitten

125 g Wasserkastanien
8 Kemirinüsse (ersatzweise
  Makadamianüsse oder
  Cashewkerne), gemahlen
1 TL Kurkumapulver
1 Stück (2,5 cm) Galgant, gerieben
2 Zitronengrasstängel, fein geschnitten
¼ TL Garnelenpaste
1 TL dunkle Sojasoße
175 g Sojasprossen
1 Bund Koriandergrün, gehackt

Macis ist die auffällig rot gefärbte, netz-artige Schale, die die Muskatnuss umhüllt. Die Heimat der Muskatnuss-gewächse sind einige entlegene Inseln Indonesiens.

In einem großen Topf das Öl erhitzen und Senf- und Bockshornkleesamen darin anrösten. Sobald sie zu knistern beginnen, Zwiebeln, Knoblauch, Ingwer und Chilis hinzufügen und weich braten. Die Auberginen hinzufügen, mit etwas Salz bestreuen, damit sie nicht austrocknen, und unter regelmäßigem Rühren goldbraun braten.

Shiitake- und Austernpilze dazugeben und ein paar Minuten mitbraten. Wasser-kastanien, Kemirinüsse, Kurkuma, Galgant, Zitronengras und Garnelenpaste dazu-geben und 30 Sekunden unter ständigem Rühren braten. Gemüsebrühe und Sojasoße zugießen und zum Kochen bringen. Zugedeckt 10 Minuten leise köcheln lassen. Mit Salz abschmecken. Mit Sojasprossen und Koriandergrün garniert servieren.

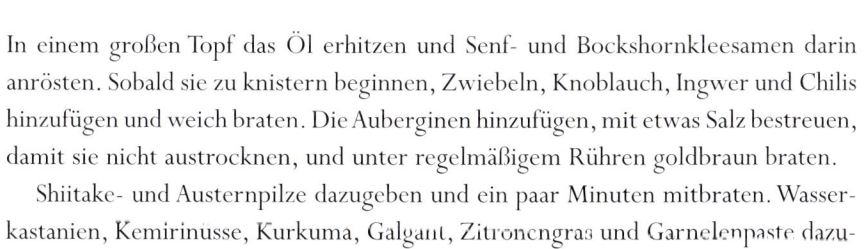

CHINESISCHE FÜNFGEWÜRZMISCHUNG

Die traditionelle chinesische Fünfgewürzmischung findet man in asiatischen Lebensmittelläden. Die angegebene Menge reicht für das Fischgericht unten.

½ TL Fenchelsamen   ½ TL Sichuan-Pfeffer
1 Sternanis   ½ TL Gewürznelken
1 Stück (1,5 cm) Zimtstange

In einer kleinen Pfanne die Gewürze trocken anrösten, bis sie ihr Aroma entfalten, vom Herd nehmen und anschließend zu Pulver mahlen.

FISCH MIT CHINESISCHER FÜNFGEWÜRZMISCHUNG

Dieses Gericht aßen wir an einem Imbissstand vor einem Warenhaus in Singapur, der Stadt mit der größten chinesischen Bevölkerungsanzahl außerhalb von China.

FÜR 4 PERSONEN

1½ EL dunkle Sojasoße   4 Streifenbarben-Filets à 175 g (oder
3 EL helle Sojasoße   Filets eines anderen Fischs mit
1½ EL chinesischer Reiswein   festem weißem Fleisch)
1 Stück (4 cm) Ingwer, geschält und   50 g brauner Zucker
   gerieben   Fünfgewürzmischung *(oben)*
3 Knoblauchzehen, fein gehackt   4 EL Sonnenblumenöl
8 Frühlingszwiebeln, in Ringe   250 g Blattspinat
   geschnitten   1 EL Sesamsamen

Dunkle und helle Sojasoße, Reiswein, Ingwer, Knoblauch und Frühlingszwiebeln zu einer Marinade vermischen, über die Fischfilets geben und 1 Stunde einziehen lassen.

Den braunen Zucker in ¼ l heißem Wasser auflösen und die Fünfgewürzmischung dazugeben.

In einem Wok (oder einer großen Pfanne) das Öl erhitzen und die Fischfilets mit der Marinade hineingeben und von beiden Seiten goldbraun braten. Dann die Zuckerlösung mit dem Fünfgewürz dazugießen und 3 Minuten ziehen lassen.

Den Spinat in kochendem Wasser blanchieren, bis er zusammenfällt. Vom Herd nehmen und gut abtropfen lassen. In einer kleinen Pfanne die Sesamsamen trocken anrösten, bis sie zu knistern beginnen, und dann vom Herd nehmen.

Den Fisch auf dem Spinat anrichten und mit den Sesamsamen bestreuen. Die Soße darübergeben und sofort servieren.

Sternanis *(Illicium verum)*

Das optisch schönste von allen Gewürzen ist der Sternanis, eine holzartige, rotbraune Sammelfrucht mit acht Spitzen, in denen glänzende, süßlich duftende Samen sitzen. Er stammt aus dem Bergland im Südwesten Chinas und wird in der chinesischen und vietnamesischen Küche vielfältig verwendet. In Europa fand er dagegen kaum Abnehmer, da er ähnlich riecht und schmeckt wie der hier weit verbreitete Anis.

Sichuan-Pfeffer *(Zanthoxylum piperitum)*

Sichuan-Pfeffer spielte trotz seiner langen Geschichte als Grundgewürz der chinesischen Region, nach der er benannt ist, im Fernhandel keine Rolle: Er gelangte praktisch nie über China und Japan hinaus. Da die Sichuan-Küche reichlich Gebrauch von diesem Gewürz macht, stehen ihre Gerichte in dem Ruf, besonders feurig zu sein. Sichuan-Pfeffer schmeckt eher rauchig als scharf und hinterlässt auf der Zunge ein leichtes Taubheitsgefühl.

Kassie-Rinde *(Cinnamomum cassia)*

Die Bäume, aus denen Kassie-Rinde gewonnen wird, gedeihen in dem Regenwaldgebiet zwischen China und Burma. Kassie hat Ähnlichkeit mit der Rinde der auf Sri Lanka beheimateten Zimtbäume, kommt aber nicht ganz an die Qualität von Zimt heran. Das Gewürz gelangte schon früh über die alten Seidenstraßen und Gewürzrouten nach Arabien und in den östlichen Mittelmeerraum.

Fisch mit chinesischer Fünfgewürzmischung

Nord- und
Südamerika

OBEN: Dieses Detail eines Wandgemäldes von Diego Rivera im Palacio Nacional in Mexico City illustriert den Maishandel in vorkolumbischer Zeit.

VORHERGEHENDE SEITE: Der Pan-American-Highway führt entlang der peruanischen Pazifikküste durch ein Gebiet, das ständig in Nebel gehüllt ist, weil hier die heiße Wüstenluft auf die des kalten Ozeans trifft.

Die kulturelle Entwicklung in Mittel- und Südamerika reicht weit in die Vergangenheit zurück. In Mexiko waren eine Reihe von Zivilisationen aufgetaucht und wieder untergegangen – die Olmeken in Tabasco, die Zapoteken in Oaxaca, die Izapa-Kultur in Chiapas, die Pyramidenerbauer von Teotihuacán und die mächtigen Maya auf der Halbinsel Yucatan –, ehe die Europäer in der Neuen Welt eintrafen und ihre erste Begegnung mit den Azteken hatten, die dort zu Beginn des 16. Jahrhunderts lebten. Auch den Inka, auf die sie wenige Jahre später in Peru stießen, waren Kulturen – die der Chimu, Tiahuanaco, Moche, Nazca und Chavin – vorangegangen.

Wie andere Zivilisationen zuvor wurden die Großreiche der Azteken und Inka allmählich durch ihre Expansionsgelüste geschwächt, während weit weg in Europa die Kaufleute von Venedig und Kairo sowie zahllose Zwischenhändler entlang der bekannten Gewürzrouten ebenso Opfer ihres eigenen Erfolgs werden sollten. Das wachsende Verlangen nach exotischen Genüssen an den Tafeln der Reichen ließ die Preise ins Unermessliche steigen, doch gegen Ende des 15. Jahrhunderts sorgten Verbesserungen im Schiffsbau und in der Navigation dafür, dass Geografen über neue Routen in den Fernen Osten nachdachten, um das Monopol der Venezianer und Mamelucken zu brechen.

Portugiesische Entdecker segelten entlang der Westküste Afrikas nach Süden, umfuhren das Kap der Guten Hoffnung und erreichten so den Indischen Ozean, der sie ostwärts bis nach Indien brachte. 1492 konnte ein genuesischer Seefahrer namens Christoph Kolumbus, der sich in Portugal als Kartograf niedergelassen hatte, Königin Isabella von Spanien dazu überreden, eine Expedition nach Westen zu entsenden, die eine schnellere Route zu den Gewürzländern Asiens suchen sollte.

Als Kolumbus Land erspähte – vermutlich eine der vielen Inseln der Bahamas –, war er fest davon überzeugt, dass er sich vor der Küste Indiens oder Chinas befand und die Eingeborenen Inder bzw. «Indianer» sein mussten. Er segelte weiter nach Kuba und Haiti, wo er zwar eine Fülle von exotischen Erzeugnissen vorfand, aber nicht den Pfeffer, nach dem er Ausschau hielt. In der Annahme, dass die Gewürzländer nicht mehr fern sein konnten, unterstützte Isabella drei weitere Expeditionen, in deren Verlauf Kolumbus einen Großteil der Karibik erforschte und mit aufregenden neuen Gewürzen wie Chili und Piment heimkehrte – aber immer noch nicht mit dem begehrten Pfeffer.

Kolumbus starb im Jahr 1506, ohne je zu erfahren, was seine Entdeckungen für die Nachwelt bedeuteten. Da er glaubte, sich irgendwo in Asien zu befinden, hatte er es sogar versäumt, die von ihm gefundenen Territorien zu benennen. Das besorgte ein anderer italienischer Seefahrer, Amerigo Vespucci, der als Erster erkannte, dass es sich bei diesen Ländereien nicht um Asien, sondern um eine «Neue Welt» handelte. Als man den Kontinent in die Karten eintrug, erhielt er Vespucci zu Ehren dessen Vornamen.

Amerika weckte schon bald das Interesse der Spanier und Portugiesen. Ferdinand Magellan, ein portugiesischer Seefahrer im Dienste der spanischen Krone, umsegelte als Erster den Kontinent und durchquerte anschließend den Pazifik. Er erreichte die Philippinen, gründete eine spanische Kolonie in Asien und bewies, dass es eine Westroute nach Asien gab, auch wenn diese sehr viel länger war, als man vermutet hatte. Magellan selbst fand zwar auf den Philippinen den Tod, doch eines seiner Schiffe konnte unversehrt nach Spanien zurückkehren und so die allererste Weltumseglung vollenden.

Die Entdeckungsreisen der Portugiesen nach Osten hatten dem Handel in Europa einen gewaltigen Aufschwung beschert, auch wenn Zimt und andere Gewürze, die sie aus dem Orient mitbrachten, bereits allgemein bekannt waren. Von

Maiskolben in vielen Farben und Formen auf einem Markt im Heiligen Tal der Inka in Peru

ihren Fahrten nach Westen brachten die Kaufleute jedoch eine völlig neue Warenpalette mit. Neben Chilischoten und Piment, die ihren Siegeszug um die ganze Welt antraten, tauchten Tomaten, Vanille, Avocados, Erdnüsse, Kartoffeln, Paprikaschoten, Mais, Kakao, Gemüsekürbis und neue Bohnensorten in den Küchen Europas auf. Der Tabak brachte der Menschheit ein neues Laster, während Chinin von nun an Reisende vor Malaria schützte und Kokablätter zur Schmerzbetäubung eingesetzt wurden. Eine weit größere Anziehungskraft als all dies übten jedoch die Gerüchte von unvorstellbaren Gold- und Silberschätzen auf die spanischen Entdecker aus.

Die ersten Spanier, denen die Azteken begegneten, waren daher keine Gewürzhändler, sondern goldgierige Konquistadoren. 1519 landete Hernán Cortés mit sechshundert Mann, einigen Kanonen und Pferden sowie ein paar ansteckenden Krankheiten in Mexiko. In nur zwei Jahren hatte er – begünstigt durch Stammesfehden und die Tatsache, dass die Azteken keine natürlichen Abwehrkräfte gegen die einge-schleppten Seuchen besaßen – das Reich besiegt und die Azteken-Hauptstadt Tenochtitlán zerstört, über deren Ruinen sich heute Mexico City erhebt.

Die Inka hatten ein Großreich beherrscht, das sich herrlicher Bauwerke rühmte, ein hoch entwickeltes Gesellschaftssystem sowie durchdachte Ackerbaumethoden und ein modernes Wegenetz besaß – alles Leistungen, die ohne das Rad und die Schrift, ohne Eisen und Zugtiere, ohne Bogen und Mörtel zustande gekommen waren. Das Inka-Reich war bis zum 16. Jahrhundert, als der spanische Konquistador Francisco Pizarro an der peruanischen Küste landete, völlig von der Außenwelt abgeschlossen gewesen. Aber auch dieses Reich war bereits durch interne Kriege geschwächt, und nach der Gefangennahme und Tötung des Inka-Herrschers Atahualpa hatten Pizarro und seine kleine Anhängerschar wenig Mühe, das Reich zu erobern. Während der Zeit der Inquisition wurde die Inka-Kultur nahezu vollständig ausgelöscht.

Auf den Inseln der Karibik, auf denen die Europäer zuerst gelandet waren, dauerte die Kolonisierung etwas länger. Die Kariben, ein kriegerisches Volk, das um 1200 n. Chr. die friedfertigen und kulturell hochstehenden Arawaken von den Inseln vertrieben hatte, leisteten den fremden Eindringlingen mehr Widerstand als die Azteken oder Inka. Letzten Endes aber konnten auch sie nicht verhindern, dass jede der Inseln in den Besitz einer europäischen Macht kam. Man rodete Land für riesige Zuckerrohr- und Bananenplantagen und setzte für die Arbeit Sklaven aus Afrika ein. Jamaika ist bis heute der Hauptlieferant von Piment geblieben, während Grenada etwa ein Drittel des Weltbedarfs an Muskatnuss anbaut.

Eine Christusstatue erhebt sich aus den Ruinen der Inka-Bergfestung Sacsayhuamán oberhalb der spanischen Kolonialstadt Cuzco. Viele Steine von Inka-Bauwerken wurden von den Konquistadoren für die Errichtung eigener Kirchen und Paläste verwendet.

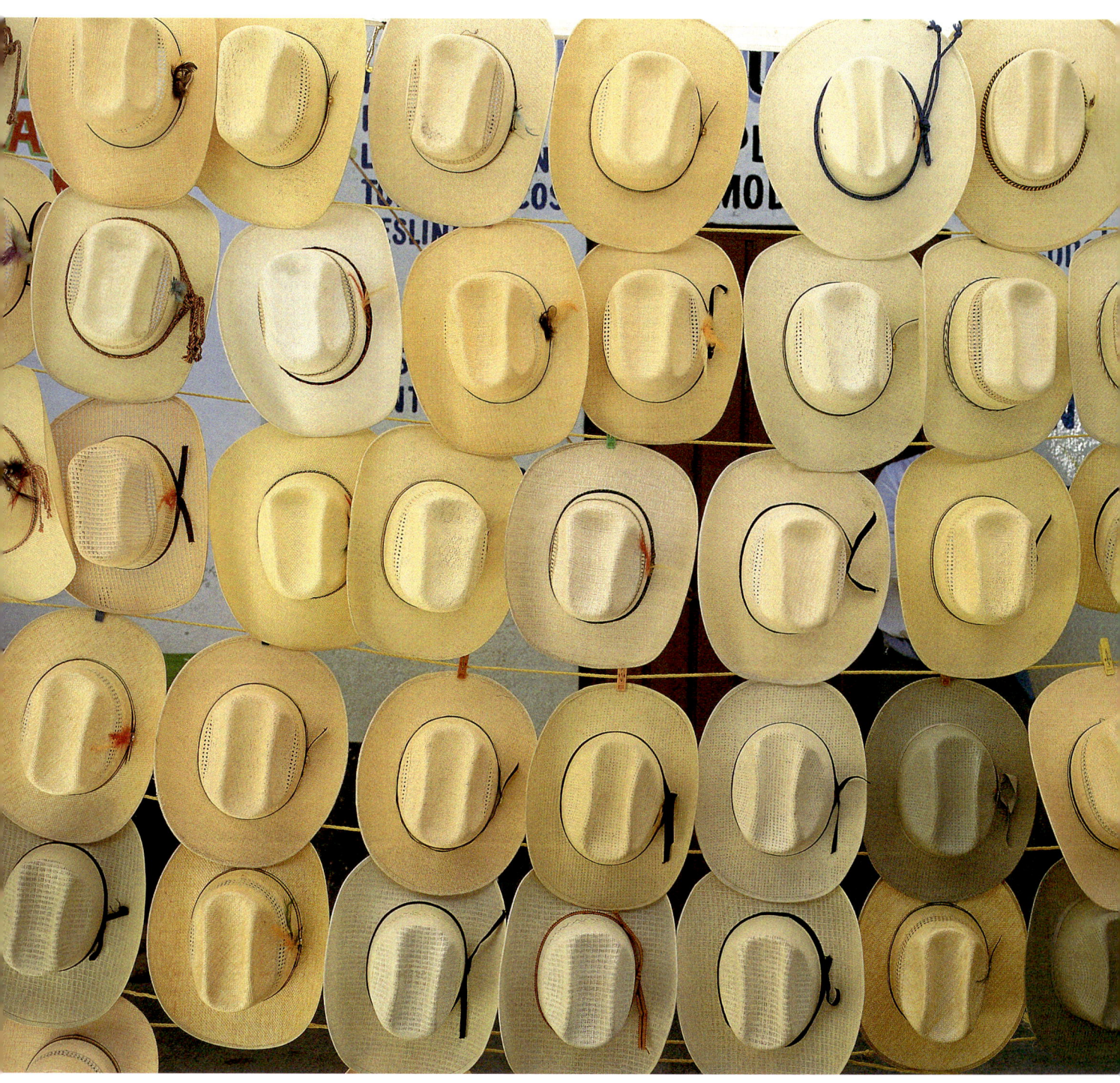

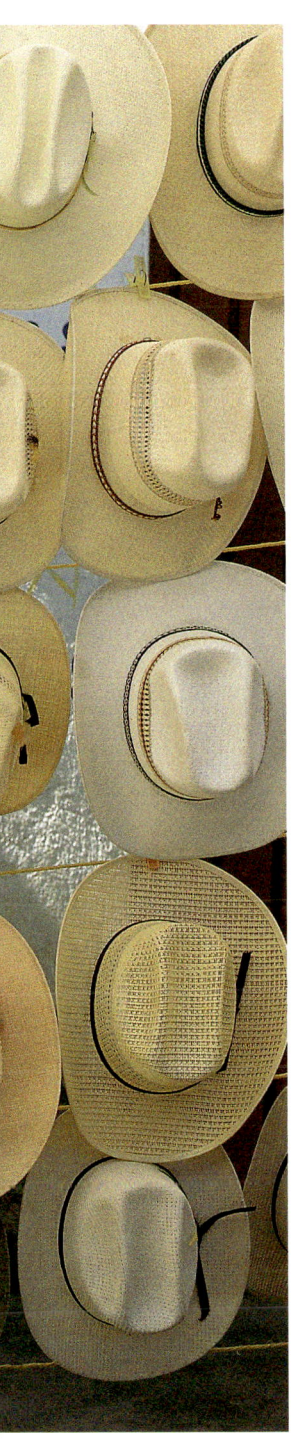

Mexiko

Die heutige mexikanische Küche verwendet hauptsächlich heimische Zutaten. An erster Stelle stehen Hunderte von Chili-Sorten in allen Farben, Formen und Geschmacksrichtungen – gefüllt, frisch, getrocknet, in Teig ausgebacken, geräuchert, eingelegt oder als Salsa (Soße). Einige brennen wie die Hölle, während andere so mild sind, dass sie als «süß» bezeichnet werden. Nicht alle mexikanischen Gerichte sind scharf, aber manche können einem schon die Tränen in die Augen treiben. Allgegenwärtig sind auch Tomaten, zum einen als Hauptbestandteil der Salsas, die zu jeder Mahlzeit auf den Tisch kommen, zum anderen als Zutaten von Suppen, Eintöpfen und Salaten.

Mais ist das «tägliche Brot» der Mexikaner. Getrocknet, eingeweicht und gemahlen, liefert er die Grundsubstanz für Tortillas. Die beliebten Tamales bestehen aus gewürztem Maisteig, der zusammen mit Fleisch oder Gemüse in Bananenblätter gewickelt und in Soße gedämpft wird. Mais kommt in Form von hauchdünnen knusprigen Chips auf den Tisch oder wird manchmal nur am Kolben gegart und gegessen.

Bohnen werden in Mexiko gern gekocht, gebraten, mit Gewürzen zerstampft und dann noch einmal gebraten. Aus pürierten Avocados entsteht die berühmte Guacamole und aus gemahlenen Erdnüssen Butter. Schokolade gehört in jede Mole (Gewürzpaste), während Vanille und Pecannüsse Verwendung in Kuchen und Süßspeisen finden.

Viele der frühen europäischen Siedler in Mexiko waren Andalusier aus dem Süden Spaniens, und so sind eine Reihe der importierten Zutaten ein Erbe der Araber, die diese Region siebenhundert Jahre lang beherrschten. Gedämpfter Reis wird als Beilage oder mit Bohnen vermischt als Hauptgericht serviert. Limettensaft taucht regelmäßig in Salsas, Guacamole und Margarita, dem Lieblingsgetränk der Mexikaner, auf. Dazu kommen Oliven, Olivenöl, Oregano, Safran und Knoblauch. Der ursprünglich aus dem östlichen Mittelmeerraum stammende und hier als Cilantro bezeichnete Koriander wird nach Chili am häufigsten für Salsas, Suppen und Eintöpfe verwendet. Nachdem die Spanier das Rind als Haustier eingeführt hatten, erlangte Käse einen hohen Stellenwert auf dem Speiseplan.

Die Mexikaner gehen gern aus; die größeren Städte sind übersät mit Lokalen, in denen man hervorragend essen und häufig auch Live-Musik hören kann. Die Plazas sind gesäumt von Tischen und Stühlen im Freien, und in den Gassen ringsum bekommt man jede Menge preiswerte und meist auch gute Gerichte zum Mitnehmen.

Da es in der mexikanischen Küche viele regionale Unterschiede gibt, stößt man bei Reisen durch das Land immer wieder auf neue Rezepte. Zwei der besten Gerichte, die wir unterwegs entdeckten, waren mit Nüssen und Rosinen gefüllte Chilischoten aus dem im Kolonialstil erbauten zentralmexikanischen Gebirgsort Puebla und gegrillte Riesengarnelen mit einer würzigen Soße aus Orangen, Koriander und Oliven, die wir an der feuchtheißen Küste von Yucatan probierten.

Strohhüte auf einem Markt in Oaxaca

Da die eigenartigen – als Cashewäpfel bezeichneten – Früchte des Cashewnussbaums nicht sehr haltbar sind, müssen sie sofort nach dem Pflücken gegessen werden. An ihrem Ende sitzt die doppelschalige Cashewnuss, deren schmackhafte Kerne ähnlich wie die Chilischoten von Amerika aus in alle Welt verbreitet wurden.

MIT NÜSSEN UND ROSINEN GEFÜLLTE CHILISCHOTEN

Dieses «Chiles en nogada» genannte Rezept wird traditionell mit der Stadt Pueblo in Verbindung gebracht, taucht jedoch in abgewandelter Form überall in Lateinamerika auf. Ideal zum Füllen sind die milden grünen Poblana-Chilischoten, aber im Grunde eignen sich die meisten größeren grünen oder roten Sorten für dieses Gericht. Die Füllung besteht aus einem köstlichen Gemisch von Nüssen und Gewürzen, das durch die säuerlichen Granatäpfelkerne perfekt abgerundet wird.

FÜR 4 PERSONEN

8 Poblana- oder andere Chilischoten
1 große Zwiebel, fein gehackt
2 Knoblauchzehen, fein gehackt
1 Jalapeño-Chilischote, fein gehackt
2 TL Sonnenblumenöl
30 g Mandeln, fein gehackt
60 g Walnüsse, fein gehackt
75 g Rosinen

2 Stangen Bleichsellerie, klein gewürfelt
4 mittelgroße Tomaten, gewürfelt
Salz und frisch gemahlener schwarzer Pfeffer
¼ l Schlagsahne
4 EL glattblättrige Petersilie, gehackt
Kerne eines Granatapfels

Die Poblanas in den vorgeheizten Backofen oder unter den Grill legen und häufig wenden, bis die Haut Blasen wirft. In eine Schüssel legen und 5 Minuten mit Frischhaltefolie abgedeckt stehen lassen. Danach sollte sich die Haut leicht abziehen lassen. Die Deckel der Chilischoten abschneiden und die Samengehäuse und Scheidewände entfernen.

In einer Pfanne Zwiebel, Knoblauch und Jalapeño-Chili in dem Öl goldgelb braten. Die Nüsse und Rosinen hinzufügen und 1 Minute mitbraten. Die Bleichselleriewürfel hinzufügen und 2 weitere Minuten braten, dann die Tomatenwürfel unterheben. Mit Salz und ½ TL schwarzem Pfeffer abschmecken. Köcheln lassen, bis die Tomatenflüssigkeit verdampft ist.

Die Poblanas mit der Masse füllen und nebeneinander in eine feuerfeste Form stellen. Die Schlagsahne mit 75 ml Wasser, gehackter Petersilie, schwarzem Pfeffer und Salz nach Geschmack verquirlen und über die gefüllten Schoten gießen.

Das Gericht im Backofen überbacken, bis die Sahne heiß ist und die Chilischoten braun werden. Mit Granatapfelkernen bestreut servieren.

RECADO-MARINADE AUS YUCATÁN

Diese für die mexikanische Halbinsel Yucatán typische Kombination von Marinade und Soße kann für jedes Grillgut — von Gemüse über Tofu bis zu Fleisch, Geflügel und Fisch — verwendet werden. Marinieren Sie die Zutaten Ihrer Wahl, während Sie die Soße zubereiten. Am besten schmeckt das Grillgericht, wenn Sie es heiß mit reichlich Orangen- und Olivensoße (gegenüber) servieren.

FÜR 4–6 PERSONEN

2 mittelgroße rote Zwiebeln, in
    Scheiben geschnitten
6 Knoblauchzehen, nicht abgezogen
9 ganze Pimentkörner
10 Gewürznelken
1 Stück (2,5 cm) Zimtstange
1 ½ TL Kreuzkümmelsamen
1 ½ TL Koriandersamen

4 EL Olivenöl
Saft von 2 Limetten
1 Habanero-Chilischote, Samen
    entfernt und grob gehackt
2 TL getrockneter Oregano
1 TL Salz
1 gehäufter TL frisch gemahlener
    schwarzer Pfeffer

Zwiebeln und Knoblauch im vorgeheizten Backofen (Grill oder Oberhitze) bräunen. In der Zwischenzeit in einer kleinen Pfanne die Gewürze trocken anrösten, bis sie ihr Aroma entfalten, und dann zu Pulver mahlen. Mit der gebräunten Zwiebel-Knoblauch-Mischung sowie Olivenöl, Limettensaft, Chili, Oregano, Salz und Pfeffer zu einer geschmeidigen Masse pürieren.

Das Grillgut mit der Hälfte der Marinade bedecken und gut 1 Stunde lang einziehen lassen. Die andere Hälfte für das Recado-Soßen-Rezept rechts aufheben.

Chilischoten (*Capsicum spp.*)

Obwohl Chili seine Reise um die Welt erst sehr spät antrat, hat es mittlerweile fast alle anderen Gewürze an Beliebtheit überflügelt. Chilischoten haben ihren Ursprung in Mexiko und wurden dort bereits mehr als sechstausend Jahre angebaut, als Kolumbus auf der Suche nach indischem Pfeffer in die Karibik kam. Im Laufe der Zeit entwickelten sich in der Region Hunderte von Sorten in einer Vielzahl von Farben, Größen und Schärfegraden. Nachdem die Spanier und Portugiesen die Chilischote im 16. Jahrhundert in Indien und Südostasien eingeführt hatten, verbreitete sie sich rasch auf dem gesamten Erdball. Heute gehören die Schoten zu den am häufigsten angebauten Gewürzpflanzen. In der Regel gedeihen die schärferen Sorten in den Tropen und die milderen in gemäßigten Zonen.

Zu den schärfsten zählen die mexikanische «Habanero», die karibische «Early Scotch Bonnet», die thailändische «Bird's Eye» und die indonesische «Lombok». Vor Kurzem wurde jedoch in Indien eine neue Varietät gezüchtet, die die Schleimhäute so stark reizt, dass sie hauptsächlich für Pfeffersprays Anwendung findet.

Chili regt den Appetit an und fördert die Verdauung, stimuliert den Kreislauf und verstärkt die Schweißabsonderung. Letzteres hat eine kühlende Wirkung auf den Körper und erklärt vielleicht, weshalb scharfe Chilis in Gebieten mit tropischem Klima besonders beliebt sind. Ferner bereitet es vielen Menschen – und nicht nur in heißen Ländern – geradezu ein Vergnügen, ihre Speisen mit den schärfsten Chilis, die sie nur auftreiben können, zu würzen. Dazu passt die These, dass das Gehirn Endorphine ausschüttet, um das Brennen der scharfen Chilis in Mund und Magen zu bekämpfen, und dass diese Endorphine

Rote Chilischoten

eine schwache Euphorie auslösen. Allerdings lässt sich diese Beobachtung nicht verallgemeinern, denn es gibt durchaus Menschen, denen ein scharf gewürztes Essen unangenehm ist.

Bei Paprika handelt es sich um eine milde *Capsicum*-Sorte, die oft zu Pulver gemahlen wird. Man verwendet das Gewürz fast überall in Mitteleuropa, aber besonders berühmt für Paprikagerichte ist Ungarn. Cayennepfeffer wird ebenfalls aus Chilischoten gewonnen und brennt besonders stark, wenn die Samen mitverwendet werden.

Vanille *(Vanilla planfolia)*

Vanille ist eine in Mexiko beheimatete tropische Orchideenart. Die vor der Reife geernteten Fruchtkapseln werden mehrere Monate an der Sonne getrocknet; dabei verwandelt sich ihr Milchsaft durch Fermentation in eine schwarzbraune Masse mit einem intensiven Aroma, das heute auf der ganzen Welt geschätzt ist. Frühe Versuche, die Vanille in anderen Ländern als Gewürzpflanze zu kultivieren, scheiterten, da die Bestäubung nur durch Melipona-Bienen und eine Kolibri-Art erfolgte, die es lediglich in Mexiko gab. Deshalb musste das Gewürz von seinem Ursprungsgebiet in alle Welt verschickt werden, bis französische Biologen im 19. Jahrhundert auf einigen Inseln im Indischen Ozean Methoden der künstlichen Bestäubung entwickelten. Heute ist Madagaskar der Haupterzeuger des Gewürzes, während es kleinere Vanille-Produktionen auf den Komoren, Réunion und den Seychellen gibt.

Reiner Vanille-Extrakt kann anstelle von frischen Schoten verwendet werden, während von synthetischem Vanillin dringend abzuraten ist.

Grüne Chilischoten

RECADO-SOSSE AUS YUCATAN

FÜR 4–6 PERSONEN

2 rote Paprikaschoten
1 gelbe Paprikaschote
3 EL Olivenöl
Recado-Marinade *(gegenüber)*
500 g Tomaten, püriert

abgeriebene Schale und Saft einer
   großen unbehandelten Orange
etwa 30 grüne Oliven
2 Handvoll Koriandergrün, gehackt
frisch gemahlener schwarzer Pfeffer
Salz nach Geschmack

Die Paprikaschoten zum Enthäuten in den vorgeheizten Backofen oder unter den Grill legen und häufig wenden, bis die Haut schwarz wird und Blasen wirft. In eine Schüssel legen und 5 Minuten mit Frischhaltefolie abgedeckt stehen lassen. Danach sollte sich die Haut leicht abziehen lassen. Die Paprikaschoten halbieren, die Samengehäuse und Scheidewände entfernen und die Paprika in dünne Streifen schneiden und beiseitestellen.

In einer großen Pfanne das Öl erhitzen und unter ständigem Rühren die Recado-Marinade hinzufügen. Nach 1 Minute die pürierten Tomaten dazugeben und 5 Minuten schwach köcheln lassen. Paprikaschoten, Orangenschale und -saft, Oliven und Koriander hinzufügen und köcheln lassen, bis die Flüssigkeit verdampft ist. Mit schwarzem Pfeffer und Salz abschmecken.

Die Zutaten Ihrer Wahl grillen und die Soße als Beilage servieren.

Peru

Im Februar 1986 ging für mich ein Lebenstraum in Erfüllung: Als ich die steile Steintreppe mitten im peruanischen Dschungel erklomm, die zum Intipunku, dem «Tor der Sonne», führte, erblickte ich zum ersten Mal Machu Picchu, die Verlorene Stadt. Ihre Ruinen drängen sich auf einem Bergplateau zusammen, das an den Rändern steil abfällt, umringt von mächtigen, in Nebelschwaden gehüllten Andengipfeln, während in der Schlucht tief unten der Urubamba-Fluss dem Amazonas entgegentost. Machu Picchu erschien so verlassen wie an jenem Tag vor fünfhundert Jahren, als die Bewohner aus unerfindlichen Gründen ihre Häuser und Tempel dem Dschungel überließen.

Diese erhabene Erinnerung wurde ein wenig durch die anderen, eher beängstigenden Eindrücke getrübt, die jene Reise durch Peru hinterließ. Es war die Zeit, in der die Guerillas des Sendero Luminoso oder Leuchtenden Pfads das Land in Atem hielten. Die Straßen zwischen den größeren Städten bargen zu viele Gefahren, und die Eisenbahnstrecke nach Machu Picchu war nach einem Sprengstoffanschlag lahmgelegt. Peru war ein Land der Ausgangssperren und Gräueltaten, der Angst und des Misstrauens. Zu allem Übel hatten mein Freund Robert und ich in unserer Naivität angenommen, dass der Hochsommer die günstigste Zeit für ein Anden-Trekking sein müsse. Tatsächlich ist das der Höhepunkt der Regenperiode. Jener erste Anblick von Machu Picchu war daher begleitet von einer Mischung aus ehrfürchtigem Staunen, Müdigkeit und Erleichterung. Hinter uns lagen fünf lange Tage auf dem Inka-Trail, in denen wir unsere schweren Rucksäcke über 4000 Meter hohe Bergpässe geschleppt, durchnässt in kaltem Nieselregen kampiert und von unseren Vorräten gelebt hatten, ohne eine warme Mahlzeit in den Bauch zu bekommen.

Ich kehrte im Mai 1999 nach Peru zurück, um auf einem neu eröffneten, kürzeren und leichteren Inka-Trail nach Machu Picchu zu trekken. Was mich erneut ins Land lockte, war die Aussicht auf gutes Wetter und relativen Luxus, umsorgt von Führern, Trägern und Köchen, sowie die Möglichkeit, durch ein stabiles und sicheres Peru zu reisen – vor allem aber die Sehnsucht, noch einmal die überwältigende Szenerie von Machu Picchu zu genießen. Ich wurde nicht enttäuscht.

Wir flogen nach Cuzco, eine schöne alte Bergstadt hoch in den Anden. Sie ist ein Juwel spanischer Kolonialarchitektur, mit Kopfsteinpflastergassen und weit angelegten Plazas, von den Konquistadoren auf den Ruinen der Inka-Hauptstadt errichtet. Für die Inka war Cuzco der Nabel der damals bekannten Welt: Verwaltungs-, Kultur- und Regierungszentrum eines riesigen Reiches, das sich über das Rückgrat

In einem natürlichen Andenkrater bei Moray legten die Inka einst eine Art landwirtschaftlichen Versuchsgarten an. Um die optimalen Bedingungen für den Anbau diverser Nutzpflanzen zu bestimmen, beobachtete man ihr Wachstum auf Terrassenfeldern in unterschiedlicher Höhe.

der Anden erstreckte – im Westen bis zu den Wüsten entlang der Meeresküste und im Osten bis in die Dschungel des Amazonasbeckens.

Am widerstandsfähigsten gegenüber dem spanischen Einfluss hat sich die Kultur der amerikanischen Indianer in den Hochanden erwiesen, wo die einheimische Bevölkerung in größeren Gruppen überlebte. Das Inka-Wort *Aji* für Chili wird heute noch von den Quechua sprechenden Campesinos der Region benutzt. Gerichte wie Papa a la Huancaína – gelbfleischige Kartoffeln und Maiskolben, die mit hart gekochten Eiern, Oliven in würziger Käsecreme, Sahne und Chilisoße serviert werden – sind typisch für die präkolumbische Küche.

Ein weiteres Gericht von einst, das sich in den Anden immer noch großer Beliebtheit erfreut, ist *Cuy* oder Meerschweinchen. Die Tiere werden meist am Spieß über Holzkohle gebraten oder als Eintopf mit Kartoffeln, gewürzt mit Knoblauch und *Aji*, zubereitet.

In der dünnen Luft von Cuzco ist das Leben buchstäblich atemberaubend. Sauerstoff in schweren Eisenzylindern gehörte im Hotel zum Zimmerservice. Im Foyer stand außerdem Koka-Tee bereit, ein altbewährtes Mittel gegen die Höhenkrankheit.

Wir verließen Cuzco und begaben uns ins wesentlich tiefer gelegene Urubamba-Tal, wo die Akklimatisierung leichter fiel und unser Treck nach Machu Picchu seinen

Die Chechua, die heute die vorherrschende Volksgruppe in den peruanischen Anden bilden, leben vielfach noch nach den alten Traditionen ihrer Inka-Vorfahren als Bauern und Hirten. Seit jedoch die Anden zunehmend als Tourismusziel entdeckt worden sind, verdingen sich viele von ihnen als Bergführer und Träger. Das Kauen von Kokablättern hilft ihnen über die Strapazen hinweg, sodass sie trotz ihrer schweren Lasten meist lange vor den betreuten Wandergruppen in den Camps eintreffen.

Anfang nehmen sollte, zunächst entlang der Straße und dann auf einem schmalen Fußpfad. Auf dem gleichen Weg waren im 15. Jahrhundert die Inka-Heere mit dem – nie gefundenen – Gold der Götter geflohen. Ehe der Fußmarsch begann, machten wir einen Abstecher zu den ausgedehnten Ruinen bei Pisac und erklommen die Terrassenfelder an den Hängen oberhalb des Dorfplatzes, wo Quechua-Frauen im Schatten eines riesigen, mit zotteligem Moos behangenen Baumes Gemüse, Mais und pikant gewürzte Gerichte verkauften. In Moray besichtigten wir die konzentrischen Terrassen einer landwirtschaftlichen Versuchsfläche aus der Inka-Zeit, die sich an die Innenflanken eines mächtigen Vulkankraters schmiegen. Wir kehrten in Dorfkneipen ein, die von angesäuselten Quechua-Frauen mit ihren hohen Filzhüten geführt wurden, und probierten das selbst gebraute Chicha-Bier, einen dünnen, vergorenen Brei, der wie eine Mischung aus Joghurt und Apfelwein schmeckt. Bei Ollantaytambo, wo die Straße endet und der eigentliche Trail beginnt, stießen wir auf weitere eindrucksvolle Ruinen sowie einen schwunghaften Handel mit Kokablättern. Wenn man die mit ungelöschtem Kalk oder Holzasche vermischten Blätter längere Zeit kaut, erzeugen sie eine Hochstimmung, die über die dünne Höhenluft, Müdigkeit und Hunger hinweghilft.

Nach dem ersten Vormittag auf dem Trail begegneten wir keinen Wanderern mehr. Von Lianen überwucherte steinerne Inka-Wachtposten zeugten davon, dass der Weg uralt war. Manchmal führte er am Fluss entlang, dann wieder stieg er steil an und folgte den Einschnitten der Berge, deren schneebedeckte Gipfel hoch über uns in der Sonne strahlten. Von Kakteen übersäte Felshänge wechselten mit Landschaften, die an das Schottische Hochland erinnerten, und mit schattigen Eukalyptuswäldern. Wir trafen Bauern mit ihren Lasttieren und Kinder, die zu weit entfernten Schulen unterwegs waren.

Am Nachmittag des zweiten Tages wurde die Vegetation subtropisch. Brettwurzeln, Lianen, scharlachrote Begonien und gelbe Orchideen säumten den Dschungelpfad. Ein Aufseher namens Felicito begleitete uns ein Stück. Er pflückte Passionsfrüchte von den Bäumen am Wegrand und erzählte uns, sein Hund sei am Vortag von einem Puma gefressen worden. Keiner von uns bekam einen Puma zu Gesicht; dagegen sahen wir ein paar Brillenbären, die Ähnlichkeit mit Pandas haben, eine Schlange sowie unzählige Schmetterlinge und Vögel.

Am dritten Tag des nicht sonderlich anstrengenden Fußmarsches kamen wir an einem prächtigen Wasserfall vorbei und stiegen zu den Ruinen von Winay Wayna hinauf. Von hier legten wir den Rest des Weges zum Sonnentor auf der alten Inkastraße zurück. Ich erklomm die Stufen mit der gleichen Begeisterung wie beim ersten Mal und wurde mit dem unvergesslichen Anblick von Machu Picchu belohnt.

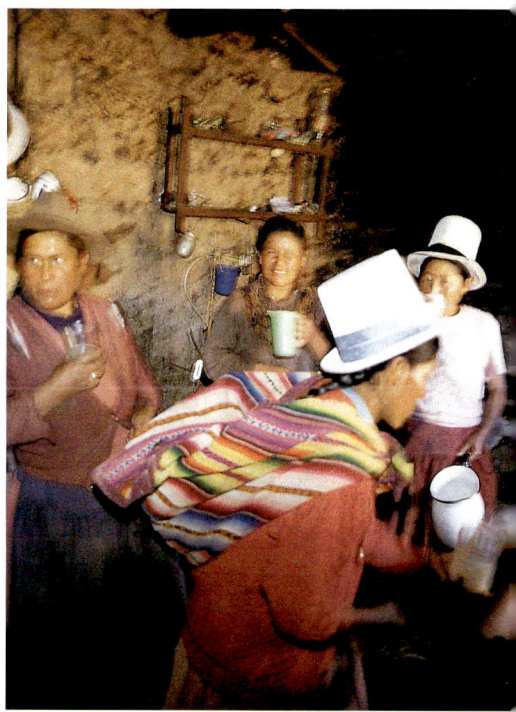

In rustikalen Dorfkneipen brauen, verkaufen und trinken Quechua-Frauen Unmengen von Chicha de Jora. Das derbe, starke Maisbier, das wie ein dünner Brei aussieht und wie ein Gemisch aus Joghurt und Apfelwein schmeckt, kann sehr erfrischend sein.

KARTOFFELN AUF ANDENART

Das hier ist eine Variante des traditionellen Quechua-Gerichts Papa a la Huancaína, das die spanische Eroberung überdauerte, wenngleich mit einer kleinen Veränderung: Heute würzt man es mit schwarzem Pfeffer, den die Invasoren aus Indien einführten.

Das ursprüngliche Rezept erfordert gelbfleischige Kartoffeln aus Peru, aber man kann ohne Weiteres normale neue Kartoffeln verwenden. Die charakteristische gelbe Farbe des Gerichts erzielten wir mit Kurkuma, die leichter erhältlich ist als das peruanische Gewächs Palillo. Aus dem gleichen Grund nahmen wir als Ersatz für die in Peru weit verbreitete, bei uns aber kaum bekannte gelbe Chilischote Aji Amarillo die Sorte Habanero. Auch Fetakäse kommt seinem peruanischen Pendant im Geschmack sehr nahe. In Peru wird das Gericht meist mit hart gekochten Eiern serviert. Wir dagegen kombinierten es mit Spiegelei bzw. pochiertem Ei und genossen es als herzhaftes Frühstück. – Die Habanero-Chilis sind äußerst scharf. Nach dem Zerkleinern die Hände gründlich waschen und nicht in Augennähe bringen!

FÜR 4–6 PERSONEN

- 1 kg neue Kartoffeln, geschält und weich gekocht
- 200 g Feta
- ¼ l Milch
- 4 EL Olivenöl
- 1 gelbe Habanero-Chilischote, fein gehackt
- 4 Knoblauchzehen, geschält und fein gehackt
- 1 kg Zwiebeln, in dünne Ringe geschnitten
- ½ TL frisch gemahlener schwarzer Pfeffer
- ½ TL Kurkumapulver
- 150 g frische Maiskörner
- Salz nach Geschmack
- 1 Ei pro Person, pochiert oder als Spiegelei gebraten
- etwa 20 schwarze Oliven
- 1 Handvoll Korianderblätter, gehackt

Die gekochten Kartoffeln in ½ cm dicke Scheiben schneiden. Feta und Milch im Mixer zu einer geschmeidigen Masse verrühren. In einer großen Pfanne das Öl erhitzen. Chili, Knoblauch und Zwiebeln darin goldbraun braten. Schwarzen Pfeffer und Kurkuma hinzufügen und 1 Minute mitgaren. Die Kartoffelscheiben hinzufügen und darüber die Maiskörner geben. Das Milch-Käse-Gemisch in die Pfanne gießen. Schwach köcheln lassen, bis die Soße reduziert ist. Wenn nötig, etwas nachsalzen (Fetakäse enthält viel Salz!).

Mit Spiegelei oder pochiertem Ei und schwarzen Oliven anrichten und mit Koriandergrün bestreuen.

Kartoffeln auf Andenart

Grenada

Besucher bleiben nicht lange im Zweifel darüber, welche Bedeutung der Anbau von Muskatgewächsen für Grenada besitzt. Die Nuss erscheint als Emblem auf der Landesflagge, und Grenada nennt sich selbst bei jeder Gelegenheit «die Gewürzinsel der Karibik». Sogar unser Hotel hieß Spice Island Inn; der Willkommenstrunk für seine Gäste bestand aus einem Früchtepunsch, dem reichlich frisch geriebene Muskatnuss beigemischt war.

Die Inselhauptstadt St. George's wird nicht zu Unrecht als der malerischste Hafen in der Karibik gerühmt. Der Berghang, der die Stadt in einem weiten Bogen umschließt, ist der Überrest eines Vulkankraters. Er bildet die Kulisse für ein Mosaik aus Häusern mit ockerfarbenen Ziegeln und roten Blechdächern, hier und da unterbrochen von hohen Kirchen und tropischen Bäumen. Keine Spur von Hektik herrscht in dem Gewirr der Gassen, die den Hafen mit den Marktplätzen verbinden und zur gemächlichen Erkundung einladen. Wir aßen mittags in einem kleinen Lokal mit Blick auf die Karibik, das sich zwischen die Gewürz-Lagerhäuser an der Esplanade zwängte, und wagten uns gleich an einen Grenada-Klassiker mit dem ominösen Namen «Oil down». Dahinter verbirgt sich ein herzhafter Eintopf aus schichtweise eingefülltem Gemüse und Fisch, der mit Kurkuma, Thymian, Schnittlauch und Paprika gewürzt und langsam in Kokosmilch geschmort wird.

Als wir danach durch die Stadt bummelten, trug das stete Auf und Ab der Gassen von St. George's dazu bei, dass wir einen gesunden Appetit für das Abendessen entwickelten. Auf dem Gewürzmarkt türmten sich Muskatnüsse und Macis zwischen Ingwerwurzeln, Tüten mit gemahlener Kurkuma (die in ganz Grenada irreführend als Safran bezeichnet wird), Flaschen mit scharfen Soßen, Gewürznelken-Ketten und merkwürdigen Bündeln einer als Mauby bezeichneten Rinde, die als hochwirksames Aphrodisiakum angepriesen wurde. Nebenan auf dem Obst- und Gemüsemarkt entdeckten wir viele der Zutaten wie Cashewäpfel, Guanabana (auch Stachelannone oder Sauersack genannt) und Callaloo (die grünen, spinatähnlichen Blätter des allgegenwärtigen karibischen Wurzelgemüses Dasheen), die wir auf unserer gastronomischen Reise rund um die Insel genießen sollten.

Im Nutmeg Café, wo wir unser Abendessen einnahmen, erhielten wir Gelegenheit, ein weiteres typisches Inselgericht zu probieren – Lambi oder Trompetenschnecken-Curry. Der Ausblick von unserem Fenstertisch im ersten Stock war traumhaft, ebenso der mit Muskatnuss gewürzte Rumpunsch, das Muskatnusseis und die Currysoße; nur die Trompetenschnecken hatten einen gewöhnungsbedürftigen Geschmack.

Muskatnuss und Macis
(Myristica fragrans)
Die Muskatnuss ist ein klassisches Gewürz des Fernhandels, das ursprünglich nur auf wenigen Inseln der Banda-Gruppe in Indonesien heimisch war. Sie besteht aus einem bräunlichen Kern (der eigentlichen Nuss), umhüllt von einem netzartigen, orangeroten Samenmantel oder Arillus, der entfernt und zu einem eigenen Gewürz namens Macis verarbeitet wird. Muskatnuss ist süßer und aromatischer als Macis und wird heute in den Küchen Europas, Arabiens, Indiens und der Karibik als Würze für süße und herzhafte Gerichte verwendet. Ganze Nüsse, die bei Bedarf frisch gerieben werden, sind besser als gemahlene Ware. Früher war die Muskatnuss in Asien vor allem als Narkotikum und Beruhigungsmittel geschätzt.

Macis wird in der Sonne getrocknet und verströmt einen süßen Duft, hinter dem sich allerdings ein eher herber Geschmack verbirgt. Wie Muskatnuss dient es als Würze für süße und herzhafte Gerichte, findet jedoch überdies Verwendung in der Kosmetik.

Ein Tritonshorn – die Schale der Trompetenschnecke – am Westrand von Grenada

«OIL DOWN» AUS GRENADA

Dieses Gericht mit dem ungewöhnlichen Namen ist typisch für Grenada. Es besteht aus großen Gemüsebrocken, die zusammen mit Kräutern und Gewürzen langsam in Kokosmilch gekocht werden, bis sie sehr weich sind. Auf Grenada bereitet man das Gemüse meist mit Stockfisch oder Schweinefleisch zu. Wir benutzen hierfür unser Rezept Kabeljaufilet. Falls Sie lieber vegetarisch kochen, können Sie den Fisch gut durch einen stark gesalzenen Käse wie Feta ersetzen: Schneiden Sie den Käse in dünne Scheiben, die Sie auf beiden Seiten in heißem Öl bräunen und anschließend genauso verwenden wie den Fisch.

FÜR 4–6 PERSONEN

250 g Yamswurzeln, geschält und in 3 x 7 cm große Stücke geschnitten

250 g Kürbis, geschält, Samen entfernt und wie oben geschnitten

250 g Süßkartoffeln, geschält und wie oben geschnitten

125 g Callaloo oder Spinat, in 3 cm breite Streifen geschnitten

125 g Grünkohl, in 3 cm breite Streifen geschnitten

1 gehäufter TL frisch gemahlener schwarzer Pfeffer

16 Halme Schnittlauch, gehackt

2 EL gehackte Petersilie

8 frische Thymianzweige, grob gehackt

Salz nach Geschmack

2 TL Kurkumapulver

300 ml Kokosmilch

350 g Kabeljaufilet im Stück, in 5 cm breite Streifen geschnitten

2 EL Sonnenblumenöl

1 mittelgroße Zwiebel, klein gewürfelt

etwa 24 Okra, gehackt

In einem mittelgroßen Topf die Yamswurzeln gut mit Wasser bedecken und zum Kochen bringen. Kürbis und Süßkartoffeln hinzufügen, noch einmal aufkochen und bei schwacher Hitze weitergaren, bis das Gemüse weich ist. Vom Herd nehmen und das Wasser abgießen. Dann die Zutaten in einen großen Topf mit dickem Boden und fest schließendem Deckel in folgender Reihenfolge schichten: Callalooblätter und Grünkohl, Yamswurzeln, Callaloo und Grünkohl, Süßkartoffeln, Callaloo und Grünkohl und zum Schluss der Kürbis – wobei jede Schicht mit schwarzem Pfeffer, Schnittlauch, Petersilie, Thymian und Salz nach Geschmack bestreut wird.

Kurkuma in 1 EL Wasser auflösen, dann mit weiteren 150 ml Wasser verrühren. Zusammen mit der Kokosmilch über das «Oil down» gießen. Zugedeckt zum Kochen bringen, dann die Hitze reduzieren und 15 Minuten leise köcheln lassen. Die Fischstreifen dazugeben und mit Soße überziehen. Zugedeckt 10 Minuten garen. Dann ohne Deckel etwa 5 Minuten weiterköcheln lassen, bis ein Großteil der Flüssigkeit aufgesogen ist. – Als Beilage in Öl und Zwiebel gebratene Okra servieren.

«Oil down» aus Grenada

GRENADAFISCH

Die Gewürzmischung mit Macis passt zu jeder Art Fisch.

FÜR 4 PERSONEN

4 Seeteufelfilets oder Filets eines
    anderen weißfleischigen Seefischs
Salz nach Geschmack
12 Gewürznelken
8 ganze Pimentkörner
1 TL Macis
½ TL Kurkumapulver

½ TL frisch gemahlener schwarzer
    Pfeffer
4 EL Olivenöl
2 mittelgroße Zwiebeln, in dünne
    Scheiben geschnitten
4 Knoblauchzehen, fein gehackt
2 TL Mehl

Die Fischfilets salzen. Nelken, Piment und Macis zu Pulver mahlen; mit Kurkuma und Pfeffer vermischen. In einer großen Pfanne das Öl erhitzen. Zwiebeln und Knoblauch darin goldgelb braten. Die
Gewürzmischung hinzufügen und 1 Minute unter ständigem Rühren mitbraten, dann das Mehl unterrühren. Die Fischfilets in die Pfanne legen und auf beiden Seiten braun braten. Nach und nach 8 EL
Wasser dazugeben. Garen, bis die Soße eingedickt und der Fisch gar ist. Mit Salz abschmecken.

SÜSSKARTOFFELN NACH ART DER KARIBIK

*Die Kombination aus Süßkartoffelbrei mit Zimt, Vanille und Muskatnuss empfiehlt sich als schmackhafte Beilage zu
den Hauptgerichten in diesem Kapitel.*

FÜR 4–6 PERSONEN

1 Stück (2,5 cm) Zimtstange
½ TL schwarze Pfefferkörner
3 mittelgroße, vorzugsweise
    orangefarbene Süßkartoffeln,
    geschält und gewürfelt
2 EL Milch
30 g Butter

½ TL Muskatnuss, frisch gerieben
½ TL echte Vanille-Essenz
abgeriebene Schale einer
    unbehandelten Orange
Salz nach Geschmack
1 TL brauner Zucker

Zimtstange und schwarzen Pfeffer zu Pulver mahlen. Die Süßkartoffeln weich kochen, das Wasser
abgießen und mit Milch und 15 g Butter zu einem glatten Brei zerstampfen. Die Hälfte der Zimt-
Pfeffer-Gewürzmischung unterrühren, dann die geriebene Muskatnuss, Vanille-Essenz, Orangenschale
und Salz hinzufügen. In eine feuerfeste Form füllen und die restliche Butter sowie den Zucker und die
restliche Gewürzmischung darauf verteilen. In den vorgeheizten Backofen stellen und überbacken, bis
der Zucker und die Butter karamellisieren.

Nach dem nächtlichen Fischfang werden die Netze zum Trocknen aufgehängt.

Afrika

Angesichts der Größe sowie der geografischen und klimatischen Vielfalt Afrikas südlich der Sahara mutet es seltsam an, dass die Region nicht ein einziges für den Fernhandel bedeutsames Gewürz hervorgebracht hat. Allerdings spielte dieser Teil der Welt eine wichtige Rolle als Zwischenstation auf den Gewürzrouten.

Als der Islam im 7. Jahrhundert n. Chr. von Arabien aus seinen Siegeszug in Richtung Westen antrat, gelangten die Mauren über Nordafrika bis nach Andalusien in Südspanien. Der religiöse und kulturelle Einfluss der Mauren erfasste schließlich auch die nomadischen Berbervölker der Sahara. Sie gründeten das Reich der Almohaden, eröffneten die Transsahara-Handelsrouten, auf denen erstmals Gewürze quer durch die Wüste transportiert wurden, und errichteten Marktstädte wie Marrakesch.

Als die Mauren und Juden im 13. Jahrhundert von den Christen aus Andalusien vertrieben wurden, wichen die meisten nach Süden ins heutige Marokko aus. Manche drangen über die Wüstenstraßen bis nach Mali vor und verbreiteten den Islam im Songhai-Reich, das im Laufe der nächsten Jahrhunderte aufblühte und große Handelsstädte wie Walata, Timbuktu und Djenné entlang dem Niger gründete. Im 14. Jahrhundert waren die Bewohner Malis die Venezianer der Wüste. Sie besaßen ein Handelsreich mit gut ausgebauten Karawanenrouten nach Marokko und Ägypten im Norden und Nordosten sowie Flusswege nach Süden, die bis an die Tropenküste Westafrikas führten. Bis zu zwölftausend Kamele zogen jährlich über die Karawanenstraßen, auf dem Hinweg beladen mit Gold und Salz, den Schätzen des Songhai-Reiches, auf dem Rückweg mit Stoffen, Gewürzen, Glas und Keramikwaren. Die Kochtraditionen der westafrikanischen Völker erhielten neue Impulse durch europäische Kaufleute, die entlang der Küste Handelsposten errichteten, und bis heute bietet Westafrika im Vergleich zu den anderen Subsahara-Gebieten eine besonders ideen- und abwechslungsreiche Küche.

Ostafrika spielte dagegen schon früh eine Rolle im Gewürzhandel. So ist bekannt, dass bereits in altägyptischen Zeiten Schiffe, die den Indischen Ozean überquerten, in dieser Region vor Anker gingen, um ihre Gewürzfracht zu entladen. Als dann im 12. Jahrhundert Äthiopien Handelsbeziehungen zu arabischen und suahelischen Kaufleuten knüpfte, entwickelte sich die Küste Ostafrikas zu einem wichtigen Stützpunkt der Gewürzrouten. Davon zeugt bis heute die eritreische Gewürzmischung Berbere, die eine Vielzahl von Zutaten aus aller Herren Länder verwendet: Kardamom, Pfeffer, Ajwain und Ingwer aus Indien, Muskatnuss und Nelken aus Indonesien, Fenchel, Kreuzkümmel und Koriander aus dem östlichen Mittelmeerraum sowie Chili und Piment aus Amerika. Mit der Ankunft der Portugiesen im 16. Jahrhundert geriet der Handel ins Stocken. Schon bald nach der Entdeckung eines Seewegs um das Kap der Guten Hoffnung herum in den Indischen Ozean

LINKS: Der Niger stellte für die Kaufleute und Gewürzhändler die wichtigste Verbindung zu den Songhai-Städten Timbuktu und Djenné dar. Bis heute sind Flussdampfer das wichtigste Verkehrsmittel geblieben.

VORHERGEHENDE SEITE: Der Niger, der in breiten Windungen die Wüsten von Mali und Niger durchzieht, trifft auf eine Sandklippe der Sahara. Der Fluss entspringt in den Regenwäldern von Guinea und legt zunächst Tausende von Kilometern nach Norden und Osten zurück, ehe er wieder in Richtung Süden umkehrt und sich in Nigeria über ein riesiges Mündungsdelta in die Bucht von Benin ergießt.

errichteten portugiesische Händler überall entlang der Küste Afrikas ihre Häfen. So gründeten sie in Angola São Paulo de Loanda, die erste europäische Stadt südlich der Sahara, während sie in vielen der bereits vorhandenen Hafenstädten Festungen anlegten – El Jadida und Essaouira in Marokko, Elmina in Ghana, Fort Jesus in Mombasa und São Sebastian in Mosambik. Die Festungen entwickelten sich zu sicheren Anlaufstellen für ihre Schiffe auf dem Weg nach Indien und zurück, waren aber auch praktische Stützpunkte für den lokalen Handel. Auf diese Weise führten sie in ganz Ostafrika Gewürze und Lebensmittel aus Asien und später aus den eroberten Gebieten in Südamerika und der Karibik ein.

Gegen Ende des 17. Jahrhunderts hatte der europäische Handel mit Afrika neue, grausame Züge angenommen: Sklaven verdrängten Gold und Elfenbein als begehrteste Export-«Ware». Welche Auswirkungen die Zwangsumsiedlung riesiger Bevölkerungsgruppen von Westafrika nach Amerika hatte, kann man heute noch unter anderem an den afrikanischen Kochtraditionen von Bahia in Brasilien, der Kreolenküche der Karibik und den Cajun-Rezepten in den Südstaaten der USA ablesen.

Die neuen Produkte, die Portugal von Amerika und Asien importierte, veränderten die Essgewohnheiten in Afrika für alle Zeiten. In Marokko, das bereits eine große Vielfalt östlicher Gewürze kannte, fanden Paprika und die verschiedenen Chilisorten (in Afrika unter dem Namen Piri Piri bekannt) rasch Aufnahme in die einheimische Küche, etwa bei Rezepten für Harissa-Paste und die Gewürzmischung Ras el-Hanout. In Ghana zog man importierte Chilis und Cayennepfeffer bald lokalen Pfefferarten wie Melegueta, Selim und Ashanti vor und verwendete Erdnüsse aus Amerika anstelle der heimischen Bambara- und Hausa-Sorten. Auch Tomaten, Mais, Süßkartoffeln, Kartoffeln, Maniok (Kassave) und Paprikaschoten sind heute auf dem Schwarzen Kontinent so verbreitet, dass man sich kaum noch ausmalen kann, was die Afrikaner aßen, bevor diese Lebensmittel eingeführt wurden.

Von den Indern aus Goa, die den Portugiesen nach Mosambik folgten, stammt ein einfaches Rezept zum Vermischen von Chilischoten mit Limettensaft, Knoblauch und Öl – eine Paste, die heute noch in den Läden von Angola bis Simbabwe zu finden ist. Später ließen sich Einwanderer aus anderen Regionen Indiens in den britisch verwalteten Gebieten Afrikas nieder – so etwa in Uganda, Kenia und Südafrika – und brachten ihre Gewürztraditionen mit. Diese fanden allerdings kaum Eingang in die Küche Ostafrikas, die im Allgemeinen wenig von komplizierten Gewürzmischungen hält.

Der Wochenmarkt von Djenné in Mali ist typisch für die Märkte in Afrika, auf denen die Menschen aus dem ganzen Umland zusammenkommen, um Gewürze, Gemüse, Obst und Haushaltwaren einzukaufen.

Marokko

Der Pförtner am Haus unserer Freunde war ein Doppelgänger von Obi-Wan Kenobi. Die Vorliebe der Männer in der marokkanischen Küstenregion für die kuttenähnlichen *Djellabahs* bringt es mit sich, dass man vielerorts glaubt, in eine Jediritter-Versammlung von *Star Wars* geraten zu sein. Droben im Hohen Atlas mit seinen schneebedeckten Gipfeln und rauen Winden sieht ja jeder ein, dass es sinnvoll ist, sich in solche schweren Kapuzengewänder zu hüllen. Drunten an den sonnigen Meeresstränden wirken sie auf Fremde etwas deplatziert. Aber Marokko ist trotz seiner heißen Sonne die meiste Zeit des Jahres ein kaltes Land. Wenn eine steife, feuchte Brise in Richtung Küste weht und den Atlantik zu schäumenden Wogen aufpeitscht, dürfte wohl jeder, der im Wind oder Schatten steht, froh um eine warme Kapuze sein. Wir genossen an windgeschützten Stellen herrliche mediterrane Wärme, wenn die Sonne schien. Aber Sonnenbaden gehört nicht zu den Passionen der Jediritter. Wir besuchten Freunde in Oualidia, einem Badeort am Atlantik zwischen den Häfen Safi und El Jadida. Der Küstenstreifen besteht aus fruchtbarem Land, und wo andere Nationen vielleicht Bettenburgen für Touristen errichtet hätten, finden sich hier direkt hinter dem Strand kilometerlange Zonen mit intensivem Gartenbau. Außerdem gibt es in der Region eine Reihe alter Hafenstädte. Essaouira, Casablanca und Rabat blicken wie Safi und El Jadida auf eine lange Geschichte als blühende Handelszentren zurück. Obwohl die ersten Gewürze vermutlich schon Jahrhunderte vor der Zeitenwende von phönizischen und römischen Händlern in den Maghreb eingeführt wurden, gehen die meisten raffiniert gewürzten Rezepte in Marokko auf die muslimischen Araber zurück, die im 7. Jahrhundert nach Westen vordrangen und ihre Begeisterung für Gewürze mitbrachten. Es entwickelte sich eine Tradition süßsaurer Gerichte, bei denen Fleisch und Fisch mit Früchten wie Datteln, eingelegten Zitronen, Oliven und Aprikosen oder Mandeln und Walnüssen kombiniert werden. Die Atlantikhäfen versorgten Marokko mit Gewürzen aus der arabischen Welt, während die Portugiesen aus ihren überseeischen Kolonien Chili- und Paprikaschoten für die landestypischen Tagines, Couscous-Soßen, Gewürzpasten und Gewürzmischungen beisteuerten.

Unsere Freunde ließen sich gerade von den Söhnen eines einheimischen

Die im 17. Jahrhundert von den Portugiesen befestigte Hafenstadt Essaouira an der marokkanischen Atlantikküste zog Händler aus der gesamten islamischen Welt an und beherbergte auch eine große Gemeinde von jüdischen Kaufleuten.

Ladenbesitzers in die Kunst des Hochseeangelns einweisen. Gelegentlich fahren die beiden für ein Wochenende nach Süden, wo Sahara und Ozean zusammentreffen, um, wie sie es nennen, «in der Wüste zu fischen». Einige Einheimische verdienen sich ihren Lebensunterhalt als Angelfischer am Atlantik. Es gibt reichlich Fische, prächtige Exemplare, für die Händler in ihren Lieferwagen am Straßenrand gutes Geld bezahlen, um sie auf die großen Märkte in Safi und El Jadida noch teurer zu verkaufen. Bei unserer Ankunft erwartete uns der größte Seebarsch, den ich je gesehen hatte, frisch ausgenommen auf dem Küchentisch. Wir wollten ein Rezept für Fisch-Tagines ausprobieren, das wir in Essaouira erhalten hatten, aber dazu mussten wir uns erst das geeignete Tagine-Kochgeschirr besorgen – eine runde Schale aus gebranntem, meist glasiertem Ton mit einem spitz zulaufenden hohen Deckel. Das stellte kein Problem dar, da wir gerade rechtzeitig zum Samstags-Souk von Oualidia angekommen waren.

Wie die Türen dieses Lagerraums im Souk von Essaouira zeigen, haben die Marokkaner eine Vorliebe für kräftige Farben.

Melegueta-Pfeffer

(Afromomum melegueta)

Melegueta-Pfeffer ist das einzige Gewürz in ganz Afrika, das entlang den Gewürz-routen gehandelt wurde – und auch das nur für kurze Zeit. Die aromatischen scharfen Samen eines krautigen Gewäch-ses aus der Ingwer-Familie stammen ursprünglich aus Westafrika und werden dort auch als «Paradieskörner» bezeichnet. Bereits früh gelangte das Gewürz über die Karawanenstraßen der Sahara nach Marokko, wo es heute noch Verwendung findet. Vom 13. bis zum 18. Jahrhundert war Melegueta-Pfeffer auch in Europa und hier vor allem in Frankreich sehr beliebt. In jüngerer Zeit wird er jedoch außerhalb seines Ursprungslands kaum noch benutzt.

Wir erlebten zum ersten Mal einen echten ländlichen Markt, auf dem wir die einzigen Fremden waren. Regen hatte die festgetretene Erde zwischen den Ständen in eine Schlammbrühe verwandelt, und heftige Windböen zerrten an den Plastikplanen. Es gab jede Menge Tagines zur Auswahl, und sie waren so billig, dass wir der Versuchung nicht widerstehen konnten, uns außerdem mit silbernen Teekesseln, bemalten Teegläsern und Bündeln frischer Minze einzudecken. Wir stie-ßen sogar auf einen alten Wasserverkäufer, ausstaffiert mit dem typischen Quastenhut, einem dudelsackähnlichen Lederschlauch und kupfernen Trinkschalen. Bis dahin hatte ich geglaubt, die berühmten Wasserverkäufer auf dem Jema al-Fna, dem Hauptplatz der Medina von Marrakesch, träten nur so malerisch kostümiert auf, um sich gegen ein kleines Entgelt von Touristen fotografieren zu lassen. Dem war offenbar nicht so.

Traditionell kochen in Marokko die Frauen daheim und verlassen nur selten die Familie, um als Köchinnen in Restaurants oder Cafés zu arbeiten. Aus diesem Grund erhält man in Lokalen auch nur selten Gerichte, die so gut schmecken wie die von der Hausfrau zubereiteten Speisen. Eine Ausnahme sind die Garküchen auf dem Nachtmarkt des Jema al-Fna in Marrakesch. Hier macht schon die Atmosphäre Appetit, und wer sorgfältig unter den Gerichten auswählt, die in Vitrinen ausgestellt und von theatralisch gestikulierenden, wortgewaltigen Küchenchefs angeboten werden, erhält in der Regel eine vernünftige und preiswerte Mahlzeit. Ähnliches gilt für Essaouira. Hier warten an der Kaimauer zwischen Fisch-Souk und dem geschäf-tigen Fischereihafen ganze Scharen von Köchen begierig darauf, frisch gefangene Sardinen, Makrelen, Seebarsche, Thunfische, Seezungen, Brassen, Krebse und Garnelen auf Holzkohle zu grillen und im Schatten von riesigen Sonnenschirmen mit Tomatensalat und frisch gepresstem Saft zu servieren.

Ausgezeichnet isst man bei einem Aufenthalt in Marrakesch auch in den alten Riad-Häusern – Bürgerresidenzen im maurischen Stil, die teilweise oder ganz zu Hotels umgebaut sind –, wo Familienköche für das Wohl der Gäste sorgen. In einem davon setzte man uns eine vorzügliche Gemüse-Kichererbsen-Tagine vor, für die eine Ras el-Hanout-Variante mit Blütenblättern verwendet wurde. Ras el-Hanout ist das marokkanische Äquivalent des indischen Garam Masala, und jeder gute Koch hat sein eigenes Geheimrezept, nach dem er die diversen Gewürze mischt. Die fol-gende Version ist einfach, aber vorzüglich, und passt nicht nur zu Fisch, sondern auch zu Lamm.

CHERMOULA

Diese Gewürzpaste wird vor allem für Fisch verwendet. Die Rezepte unterscheiden sich alle ein wenig im Land, enthalten aber immer Kreuzkümmel, Paprika und Koriander. Chermoula kann man im Voraus herstellen und in einem luftdichten Behälter im Kühlschrank aufbewahren. Die Mengenangaben dieses Rezepts sind auf die Meeresfisch-Tagine von S. 157 abgestimmt.

1 TL Kreuzkümmelsamen	½ TL Cayennepfeffer
1 TL Koriandersamen	1 Handvoll Korianderblätter, gehackt
1 große Prise Safran	2 Knoblauchzehen, grob gehackt
1 TL Paprikapulver	2 EL Olivenöl
1 TL Ingwerpulver	1 TL Salz

In einer kleinen Pfanne Kreuzkümmel und Koriander bei schwacher Hitze trocken anrösten, bis sie ihr Aroma entfalten. Vom Herd nehmen und mit dem Mörser zerstoßen oder mit der elektrischen Mühle mahlen. Alle Zutaten in einen Mixer geben und zu einer geschmeidigen Paste verarbeiten.

EINGELEGTE ZITRONEN

Eingelegte Zitronen sind ein wichtiger Bestandteil der marokkanischen Küche und verleihen Tagines einen ganz besonderen Geschmack. Die Zubereitung ist einfach, und in einem luftdicht schließenden Einmachglas halten sich die Zitronen monatelang. Als Ersatz kann man auch blanchierte Zitronenschnitze verwenden.

6 unbehandelte Zitronen, in Viertel geschnitten, Kerne entfernt	1 TL schwarze Pfefferkörner
100 g Meersalz	1 TL ganze Gewürznelken
2 Zimtstangen	1 TL Koriandersamen
	frisch gepresster Zitronensaft

Auf den Boden eines Einmachgefäßes Zitronenviertel dicht an dicht schichten und mit Meersalz bestreuen. Dann in der gleichen Weise weitere Schichten einfüllen, bis alle Zitronen und das Salz aufgebraucht sind. Mit dem Kochlöffel vorsichtig gegen die Zitronen drücken, damit der Saft austritt. Die Gewürze dazugeben und die Mischung mit Zitronensaft bedecken. Luftdicht verschließen und dunkel aufbewahren. Nach etwa 2 Wochen können die eingelegten Zitronen verwendet werden.

Das Leben im Gerberviertel mit seinen in den Boden eingelassenen Einweichtrögen hat sich seit der Zeit, da Fès noch Königsstadt war, kaum verändert.

MEERESFISCH-TAGINE

Wenn Sie kein Tagine-Gefäß besitzen, verwenden Sie eine tiefe Bratpfanne oder eine große Kasserolle mit gut schlie-ßendem Deckel.

FÜR 4 PERSONEN

2 ganze Seebarsche à 450 g, geschuppt und ausgenommen

Chermoula *(S. 154)*

4 EL Olivenöl

1 große rote Zwiebel, in dünne Halbringe geschnitten

250 g Bleichsellerie, die Stangen einmal längs und einmal quer durchschnitten

250 g Kartoffeln, geschält und in dünne Scheiben geschnitten

Salz und schwarzer Pfeffer

2 Tomaten, in Scheiben geschnitten

1 Handvoll glattblättrige Petersilie, gehackt

1 Tl. schwarzer Pfeffer

Saft einer Zitrone

etwa 20 grüne Oliven

6 eingelegte Zitronen *(S. 154)*

oder 2 frische unbehandelte Zitronen, geviertelt und blanchiert

Mit einem scharfen Messer die Fische auf beiden Seiten zickzackförmig einschneiden. Mit einem Drittel der Chermoula bestreichen und 1 Stunde lang einziehen lassen.

In einer großen Tagine oder Kasserolle das Öl erhitzen. Die Zwiebelringe anbraten, bis sie karamel-lisieren. Die Hälfte der restlichen Chermoula hinzufügen, gut umrühren und 1 Minute mitgaren. Zwiebeln und erwärmte Chermoula gleichmäßig auf dem Boden der Tagine verteilen. Als Nächstes das Gemüse einschichten: Die Bleichselleriestäbe gitterförmig auf die Zwiebeln legen, darüber die Kartoffeln verteilen, mit Salz und schwarzem Pfeffer würzen und danach die Tomaten einfüllen. Mit Petersilie bestreuen und mit Zitronensaft beträufeln.

Den Rest der Chermoula in ⅛ l Wasser auflösen und über das Gemüse gießen. Oliven und eingeleg-te Zitronen hinzufügen. Zum Kochen bringen, dann die Hitze reduzieren, den Deckel auflegen und 20 Minuten leise köcheln lassen. Danach die Fische auf das Gemüse legen und mit etwas Garflüssigkeit übergießen. 25 Minuten bei schwacher Hitze garen; nach der Hälfte der Zeit die Fische einmal umdre-hen und erneut mit Garflüssigkeit übergießen.

Sofort mit knusprigem Baguette und Salat servieren.

Meeresfisch-Tagine

Alte Kasbahs erheben sich wie Ritterburgen über das Draa-Tal. Sie wurden einst zum Schutz der Handelskarawanen errichtet, die durch die Wüste zogen, um Marrakesch im Westen des Atlasgebirges mit Waren aus dem Osten zu beliefern.

RAS EL-HANOUT

Die Mengenangaben dieses Rezepts aus Marrakesch sind auf die unten stehende Gemüse-Tagine abgestimmt. Es handelt sich um eine trockene Gewürzmischung, die am besten jedes Mal frisch zubereitet wird.

1 Stück (2,5 cm) Zimtstange

1 TL Kreuzkümmelsamen

1 TL Koriandersamen

½ TL schwarze Pfefferkörner

½ TL Gewürznelken

½ TL Kardamomsamen (aus grünen Kardamomkapseln)

1 große Prise Safran

1 TL Ingwerpulver

½ TL Cayennepfeffer

⅓ TL frisch geriebene Muskatnuss

1 TL getrockneter Thymian

1 TL Rosenblätter oder 1 TL Rosenwasser

In einer kleinen Pfanne Zimtstange, Kreuzkümmel- und Koriandersamen, Pfefferkörner, Nelken und Kardamom trocken anrösten, bis sie ihr Aroma entfalten. Mit dem Mörser zerstoßen oder mit der elektrischen Mühle mahlen und dann mit den übrigen Zutaten vermischen.

GEMÜSE-KICHERERBSEN-TAGINE

FÜR 4–6 PERSONEN

6 EL Olivenöl

1 rote Zwiebel, in dünne Halbringe geschnitten

4 Knoblauchzehen, fein gehackt

Ras el-Hanout *(oben)*

3 Möhren, der Länge nach geviertelt

2 rote Paprikaschoten, in 2,5 cm große Stücke geschnitten

350 g Süßkartoffeln, in große Stücke geschnitten

350 g Riesenkürbis, geschält, Samen entfernt und in große Stücke geschnitten

350 g Markkürbis, geschält, Samen entfernt und in große Stücke geschnitten

250 g gekochte Kichererbsen

etwa 28 getrocknete Aprikosen

1½ EL Tomatenmark

1 große Prise Safran

gut eine Handvoll Korianderblätter, gehackt

Salz nach Geschmack

In einer großen Tagine (bzw. einer Kasserolle oder großen Pfanne mit fest schließendem Deckel) das Olivenöl erhitzen. Die Zwiebel glasig braten. Den Knoblauch dazugeben und 1 Minute braten. Ras el-Hanout dazugeben und gut verrühren. Möhren und Paprikaschoten hinzufügen und 2 Minuten garen. Dann die Süßkartoffeln sowie den Riesen- und Markkürbis zugeben und 3 Minuten garen. Regelmäßig rühren, um ein Anbrennen zu vermeiden. Schließlich Kichererbsen, Aprikosen und Tomatenmark hinzufügen und gut vermengen. Zuletzt ½ l Wasser sowie den Safran und Koriander dazugeben und mit Salz abschmecken. Zum Kochen bringen, dann die Hitze reduzieren und den Deckel auflegen. Leise köcheln lassen, bis das Gemüse weich und die Soße eingedickt ist (ca. 30 Minuten). Als Beilagen Harissa-Rotkohl, Sultaninen-Zwiebel-Chutney (beides S. 161) und Couscous servieren.

Bei Zagora im Draa-Tal endet die moderne Zivilisation. Ab hier muss man die alten Karawanenstraßen benutzen, die Marokko mit Mali verbinden.

HARISSA

Harissa ist eine scharfe Würze und sollte daher sehr sparsam verwendet werden.

ERGIBT ⅛ LITER

etwa 20 getrocknete rote Chilischoten
1½ EL Kreuzkümmelsamen
2 EL Koriandersamen

5 Knoblauchzehen, grob gehackt
1 TL Meersalz
6 EL Olivenöl

Die Chilischoten ½ Stunde in kochendem Wasser einweichen. In der Zwischenzeit Kreuzkümmel und Koriander in einer kleinen Pfanne trocken anrösten, bis sie ihr Aroma entfalten. Vom Herd nehmen und mahlen. Chilischoten, Koriander- und Kreuzkümmelpulver sowie Knoblauch, Salz und 5 EL Olivenöl im Mixer zu einer dicken Paste verarbeiten. In ein Glas füllen und mit ein wenig Olivenöl die Oberfläche versiegeln. In einem luftdichten Behälter im Kühlschrank aufbewahren und zu Salat oder Couscous servieren.

ROTKOHL MIT HARISSA UND KORIANDER

FÜR 4–6 PERSONEN

500 g Rotkohl, in 3 cm große Stücke geschnitten
4 EL Olivenöl
1 große rote Zwiebel, gehackt
4 Knoblauchzehen, fein gehackt
2 TL Paprikapulver
3 TL Harissa *(gegenüber)*

1 ½ EL Tomatenmark
2 TL Honig
1 TL frisch gemahlener schwarzer Pfeffer
Salz nach Geschmack
1 Handvoll Koriandergrün, gehackt

Im Gewürz-Souk von Essaouira kann man Gewürzmischungen wie Harissa oder Chermoula bereits fertig abgepackt kaufen. Für Köche, die ihre eigenen Rezepte vorziehen, gibt es die Zutaten aber auch einzeln.

In einem mittelgroßen Topf Salzwasser zum Kochen bringen und den Rotkohl darin so lange garen, bis er zusammenfällt, aber noch knackig ist. Vom Herd nehmen und sofort durch ein Sieb abgießen. Kurz mit kaltem Wasser abspülen. Das Olivenöl in einer großen Pfanne erhitzen und die Zwiebel darin glasig braten. Den Knoblauch dazugeben und 1 Minute braten. Dann das Paprikapulver hinzufügen und gut verrühren. Harissa nach Geschmack einrühren und 1 Minute mitgaren. Schließlich Tomatenmark, Honig und schwarzen Pfeffer einrühren. Den Rotkohl hinzufügen und gut mit der Soße vermischen. Mit Salz abschmecken und mit Koriander bestreuen.

SULTANINEN-ZWIEBEL-CHUTNEY

100 g Sultaninen
60 g Butter
1 EL Olivenöl
3 große Gemüsezwiebeln, in dünne Halbringe geschnitten
2 Knoblauchzehen, fein gehackt

1 TL Kurkumapulver
1 TL Zimtpulver
1 TL Ingwerpulver
1 Prise Safran
60 g brauner Zucker

Die Sultaninen in eine Schüssel geben, mit ¼ l kochendem Wasser übergießen und beiseitestellen. In einer großen Pfanne die Butter behutsam zerlassen. Olivenöl, Zwiebeln und Knoblauch hinzufügen und unter ständigem Rühren bei schwacher Hitze braten, bis die Zwiebeln karamellisieren. Die Gewürze einrühren und 1 Minute mitgaren. Danach die Sultaninen mit dem Wasser dazugeben und den braunen Zucker unterrühren. Zum Kochen bringen, die Hitze reduzieren und die Mischung bei schwacher Hitze köcheln lassen, bis die Flüssigkeit verdampft und die Konsistenz von Chutney erreicht ist.

Ghana

Im Jahr 1992 leitete die Conservation International mit Sitz in Washington zusammen mit Regierungsstellen in Ghana das Central Region Project in die Wege. Ziel dieses Projekts war es, die Attraktionen des Kakum-Nationalparks, eines ausgedehnten tropischen Regenwaldes 30 Kilometer landeinwärts von der Atlantikküste, mit den Sehenswürdigkeiten der beiden Küstenstädte Cape Coast und Elmina zu verbinden. Beide Orte waren einst befestigte Niederlassungen der Europäer und spielten eine wichtige Rolle in Ghanas langer Handelsgeschichte.

Die Burganlage von Elmina wurde bereits 1482 von den Portugiesen mit Erlaubnis des lokalen Stammesherrschers errichtet und sollte einen Handel auf ebenbürtiger Basis gewährleisten. Auf einer Besichtigungstour erhielt ich einen Einblick in die verschwenderisch ausgestatteten Wohnräume der Europäer, sah die erste katholische Kirche in Afrika und genoss herrliche Ausblicke über die Küste und das lebhafte Treiben im Hafen von Elmina – eine Lagune, in der Händler laut und ausdauernd über die Fische feilschten, die Dutzende von Pirogen von ihren Fangfahrten an Land brachten. Der schmerzlichste Teil der Tour kam jedoch unvermeidlich, als man uns die Gewölbe der Burg zeigte, ursprünglich wohl erbaut, um Gold, Elfenbein, Kattun und Felle zu lagern, im 17. Jahrhundert jedoch zu feuchten, finsteren Sklavenverliesen umgewandelt. Zu der Zeit, als sich dieser Wandel vollzog, befand sich die Burg im Besitz der Niederländer, die sie nach einem Kanonenbeschuss von einem dahinter liegenden Berg erobert hatten. Auf diesen Sieg hin, der Elmina für mehr als zweihundert Jahre in niederländische Hand brachte, folgte der Bau der St.-Jago-Festung auf der Bergkuppe, der die Burg in Zukunft vor ähnlichen Angriffen schützen sollte.

Nach und nach ließen sich niederländische Kaufleute auch außerhalb der sicheren Burgmauern nieder und errichteten prunkvolle Herrenhäuser, die sich jedoch heute größtenteils in einem Zustand fortgeschrittenen Verfalls befinden. Für eine dieser Villen, das sogenannte Dolphin House, gab es bereits einen Abrissbescheid, als man sie zur Renovierung auswählte. Die pastellfarbene, in zahlreichen Bögen gegliederte Fassade des alten Kaufmannshauses bildete eine Kulisse heruntergekommener Eleganz vor einem bunten Straßenmarkt. Eine weitere sehenswerte Besonderheit von Elmina sind die wunderlich und fast surreal anmutenden *Posuban*-Schreine, die man überall zwischen den Häusern entdeckt: Lebensgroße Statuen in leuchtenden Farben, die so unterschiedliche Figuren wie Adam und Eva, holländische Marineoffiziere und Stammeshäuptlinge darstellen, stehen in den Gärten oder auf Hausdächern und Veranden der einstigen Herrenhäuser herum.

Die Burg von Cape Coast wurde 1672 von den Briten errichtet, die den Ort später zur Hauptstadt ihrer Goldküsten-Kolonie machten. Wie die Niederländer kamen die Briten in der Hoffnung, durch den Gold- und Sklavenhandel rasch zu Reichtum zu gelangen. Die üppige Pracht der Gouverneurssuite ist

Der Atlantik liefert den Fischern von Cape Coast prall gefüllte Netze.

hier noch eindrucksvoller als in Elmina, weshalb die modrigen, erbärmlichen Zustände in den unterirdischen Sklavenkerkern umso größeres Entsetzen hervorrufen. Aber obwohl die Briten mit den mächtigen Stämmen der Region gemeinsame Sache machten und Millionen von Sklaven nach Übersee verschifften, muss man konstatieren, dass sie sich später auch für ein Ende des unseligen Menschenhandels einsetzten. Der Handel kehrte zu Gold, Gewürzen, Palmöl und Nutzholz zurück. Die Briten kauften den Niederländern Elmina schließlich ab, und die Hauptstraße des Städtchens heißt heute noch Liverpool Street, ein Hinweis darauf, welches Ziel die meisten Frachtschiffe aus Ghana anliefen. Aber die Vergangenheit hat den Ort stark geprägt, und so unterscheidet sich Elmina bis heute in seiner Atmosphäre und seinem Wesen stark von Cape Coast.

TSIRE: ERDNUSSMEHL-GEWÜRZMISCHUNG

Bei diesem landestypischen Rezept vermischt man Erdnüsse, die in der gesamten Region als Handelsprodukt angebaut werden, mit einer Reihe von Gewürzen aus Ost und West, die schon früh über die Handelshäfen der Europäer entlang der Küste nach Westafrika gelangten. Tsire kann zum Backen und Grillen, als Bestandteil von Soßen oder mit Öl vermischt als Würze verwendet werden und schmeckt besonders köstlich, wenn man es auf heißen Buttertoast streut. Tsire hält sich zwar in einem gut schließenden Glas mehrere Wochen im Kühlschrank, man sollte es jedoch wie die meisten Gewürzmischungen besser jeweils frisch zubereiten.

100 g Erdnüsse, Schale und Haut entfernt
1 Stück (4 cm) Zimtstange
⅓ TL Pimentpulver
8 Gewürznelken

1 TL zerkleinerter getrockneter Chilipfeffer
½ TL Ingwerpulver
⅓ TL frisch geriebene Muskatnuss
½ TL Salz

In einer kleinen Pfanne die Erdnüsse bei schwacher Hitze und unter häufigem Rühren anrösten, bis sie goldbraun sind. Aus der Pfanne nehmen und abkühlen lassen. Anschließend Zimt, Piment und Nelken anrösten, bis sie ihr Aroma entfalten. Vom Herd nehmen und mit dem Mörser zerstoßen oder mit der elektrischen Mühle mahlen. Alle Zutaten in einen Mixer geben und zerkleinern, bis die Erdnüsse fein gehackt sind. In einem luftdicht schließenden Behälter aufbewahren.

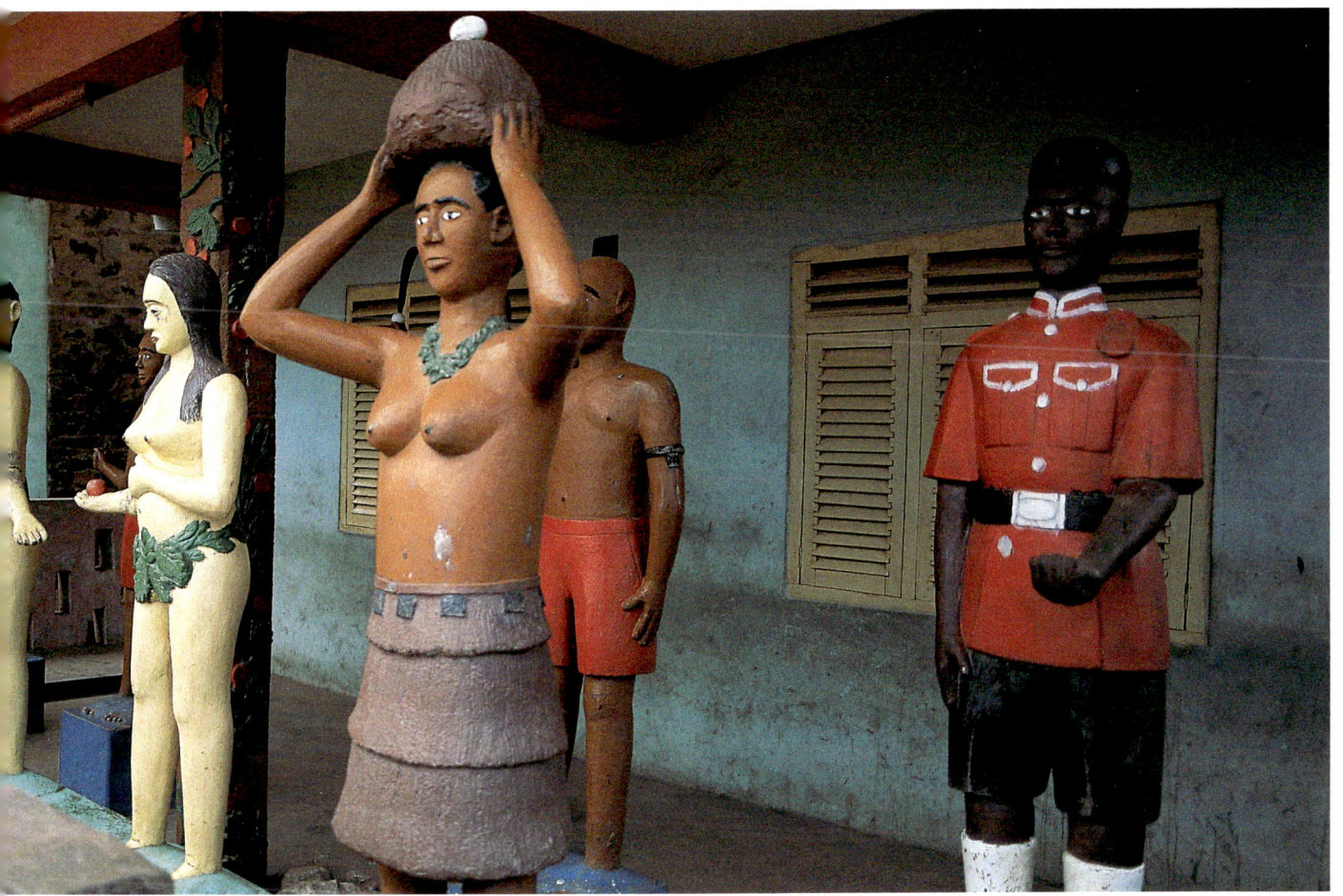

GEBACKENER CAPE-COAST-FISCH IN TSIRE-HÜLLE

Das traditionelle Fischgericht wird überall an der Küste Ghanas gegessen. Man kann den mit Tsire panierten Fisch backen, braten oder grillen. Die Mengenangaben des Tsire-Rezepts links sind auf dieses Rezept abgestimmt. Statt des Seeteufels kann man auch einen anderen weißfleischigen Meeresfisch verwenden.

Für 6 Personen

6 Seeteufelfilets à 200 g
Olivenöl

Tsire-Gewürzmischung *(gegenüber)*

Den Backofen auf 190 °C vorheizen. Beide Seiten der Fischfilets mit Olivenöl bepinseln und dick mit Tsire bedecken. Auf ein Backblech legen. Zusätzlich mit etwas Olivenöl beträufeln und 20 Minuten im Backofen backen.

Diese bemalten Holzstatuen, in denen sich christliche Elemente mit charakteristischen westafrikanischen Merkmalen verbinden, stehen vor den Posuban-Schreinen im Hafen von Elmina.

PIRI-PIRI-SOSSE

Der Begriff Piri Piri wird in den ehemals portugiesisch beeinflussten Teilen Afrikas für Chilischoten oder Chilisoßen und -pasten verwendet. Die Soße oder Paste ist ein klassisches Produkt der Gewürzrouten: Sie wurde in Afrika von Indern aus Goa eingeführt, die von Europäern gelieferte Gewürze aus Amerika mit Pfeffer von der Malabarküste kombinierten. In französischsprachigen Gebieten Afrikas werden ähnliche Pasten als Pil Pil bezeichnet. Piri Piri ist ungemein praktisch und vielseitig: Man kann es als Grillmarinade ebenso verwenden wie zum Bestreichen von Brathähnchen oder als Tischwürze, und da es sich in einem luftdichten Behälter lange Zeit im Kühlschrank hält, lässt es sich gleich in größeren Mengen auf Vorrat herstellen. Es gibt verschiedene Varianten, aber die wesentlichen Zutaten sind immer Chilischoten, Zitronen, Öl, Knoblauch und Salz.

ERGIBT ETWA ⅓ LITER

8 große rote Chilischoten, grob
   gehackt
4 Knoblauchzehen, grob gehackt
2 TL Paprikapulver
1 TL Salz

1 TL frisch gemahlener schwarzer
   Pfeffer
100 ml Zitronensaft
125 ml Olivenöl

Alle Zutaten im Mixer zu einer geschmeidigen Soße verarbeiten. In einen luftdichten Behälter füllen und im Kühlschrank aufbewahren.

PIRI-PIRI-GARNELEN VOM GRILL

Was für den einen angenehm scharf ist, grenzt für den anderen an Körperverletzung. Verwenden Sie Piri-Piri-Soße deshalb zunächst sehr vorsichtig!

FÜR 4 PERSONEN

20 Riesengarnelen
4 Maiskolben, quer in drei Teile geteilt
500 g Süßkartoffeln, der Länge nach in
   große Streifen geschnitten

Olivenöl
Piri-Piri-Soße *(oben)* nach Geschmack

Alle Zutaten 1 Stunde lang in Piri-Piri-Soße marinieren. Wenn der Grill heiß ist, die Zutaten mit etwas Olivenöl beträufeln. Zunächst die Süßkartoffeln und Maiskolben auf den Grill legen und von allen Seiten goldbraun grillen – sie sollen außen knusprig und innen weich sein. Die Garnelen erst gegen Ende des Grillvorgangs dazugeben, da sie sehr schnell gar sind. Von beiden Seiten bräunen und servieren.

Piri-Piri-Garnelen vom Grill

Die Inseln des
Indischen Ozeans

Einige Inseln im Indischen Ozean spielten eine wichtige Rolle in der Geschichte des Gewürzhandels, obwohl sie selbst keine der weltweit begehrten Gewürze besaßen. Mauritius war noch unbewohnt, als arabische Händler ihr im 10. Jahrhundert den Namen Dinarobin gaben. Auch als fünfhundert Jahre später Portugiesen an ihrer Küste landeten, gab es dort noch keine menschlichen Bewohner – allerdings beherbergte sie damals den legendären, mittlerweile ausgestorbenen Dodo. Erst gegen Ende des 17. Jahrhunderts wurde die Insel von den Niederländern kolonisiert und nach ihrem ersten Gouverneur Moritz von Nassau Mauritius benannt. Ihre günstige Lage zwischen Batavia (heute Jakarta), dem Hauptsitz der holländischen Ostindien-Kompanie auf Java, und dem Heimathafen Amsterdam machte sie zu einer wichtigen Anlaufstelle für die Handelsschiffe der Niederländer. 1710 gaben die Holländer Mauritius wegen der zunehmenden Piratenüberfälle auf und überließen eine größere Anzahl Sklaven, die sie von Afrika auf die Insel gebracht hatten, ihrem Schicksal. Fünf Jahre später nahmen die Franzosen, die sich mittlerweile auf der nahe gelegenen Ile Bourbon (Réunion) niedergelassen hatten, die Insel in ihren Besitz und benannten sie in Ile de France um. Sie errichteten einen Hafen für die französische Ostindien-Kompanie und nutzten das Land für Zuckerrohrplantagen, in denen Hunderte von afrikanischen Sklaven arbeiteten.

1766 schickte Paris einen neuen Gouverneur namens Pierre Poivre nach Mauritius. Poivre hatte die Insel bereits zwanzig Jahre zuvor besucht, als er sich von einer Kriegsverwundung erholte. (Eine britische Kanonenkugel hatte ihm 1745 während eines Seegefechts einen Arm zerfetzt.) Er kam zu dem Schluss, dass man den fruchtbaren Boden und das Tropenklima dazu nutzen könne, größere Mengen Gewürze zu kultivieren und nach Europa zu verschiffen – eine gute Gelegenheit für Frankreich, das seit Langem bestehende Monopol der Niederländer in diesem lukrativen Geschäftszweig zu brechen. Ihm war klar, dass die Holländer jeden ihrer Säcke mit Muskatnuss und Nelken, die für den Export nach Europa, Indien, China und Amerika bestimmt waren, wie ihren Augapfel hüteten, da sie befürchteten, eine andere Nation könne die Samen stehlen und die kostbaren Pflanzen außerhalb der Gewürzinseln anbauen. Und obwohl sie auch den Handel mit Pfeffer von der Malabarküste und Zimt von Ceylon (Sri Lanka) dominierten, verdankten sie ihre

RECHTS: Endlose weiße Sandstrände und das klare Wasser des Indischen Ozeans umgeben die Inseln des Seychellen-Archipels, die heute ein Tropenparadies für Urlauber sind. Im 18. Jahrhundert nahmen die Franzosen die Inselgruppe in Besitz, da sie ideale Bedingungen für Gewürzplantagen boten.

VORHERGEHENDE SEITE: Wie seit Jahrhunderten laufen die Fischerboote von der Insel Sansibar im Indischen Ozean zum Abendfang aus.

unangreifbare Vormachtstellung vor allem ihrem Monopol für Muskatnuss und Nelken, die nur auf den Gewürzinseln gediehen. Sie waren sorgsam darauf bedacht, die Produktion auf ganz wenige, streng bewachte Inseln zu beschränken: Muskatnuss auf den Banda-Inseln und Nelken auf Ambon. Auf den Diebstahl eines einzigen Schösslings stand die Todesstrafe, und Ernteüberschüsse wurden verbrannt, um die Preise oben zu halten.

Poivre unternahm einige waghalsige Expeditionen von Manila aus zu den Molukken, und als im Jahr 1770 das französische Handelsschiff «Etoile du Matin» in Port Louis, der Hauptstadt von Mauritius, vor Anker ging, war es voll beladen mit geschmuggelten Pflanzen, Samen und Nüssen von Muskatnuss, Nelken und Pfeffer. Unter den wachsamen Augen von Poivre entstanden schon bald riesige Plantagen mit den kostbaren Gewürzen, und das niederländische Monopol war für immer gebrochen. Die Franzosen konsolidierten ihren Einstieg in den Gewürzhandel durch die Errichtung weiterer Plantagen in ihren tropischen Kolonien, etwa auf der Ile Bourbon und den Seychellen im Indischen Ozean oder in Guyana an der Karibikküste Südamerikas.

Poivre hatte der Geschichte des Gewürzhandels eine entscheidende Wende gegeben, aber der Coup der Franzosen war nicht von langer Dauer. Schon bald nach dem Tod von Poivre im Jahr 1786 brach die Französische Revolution aus, der Gouverneur von Mauritius wurde abberufen, die Insel entwickelte sich zu einer Brutstätte der Piraterie im Indischen Ozean, und die französische Ostindien-Kompanie zerbrach. Im Jahr 1814 forderten und erhielten die Briten nach der Niederlage Napoleons Mauritius und die Seychellen als Kriegsbeute. Der Handel mit Muskatnuss und Nelken, der nacheinander Portugiesen, Niederländern und Franzosen zu Reichtum verholfen hatte, befand sich nun in britischer Hand.

Die Briten benannten die Insel wieder in Mauritius um, exportierten Gewürze von ihren eigenen tropischen Kolonien und gaben den Anbau von Muskatnuss und Nelken auf Mauritius zugunsten von Zuckerrohr- und Teeplantagen auf. Ab 1835 wurden die Sklaven aus Afrika durch Vertragsarbeiter aus Indien und China ersetzt. Das bunte Völkergemisch aus Afrika, Indien, China, Frankreich und Großbritannien hat die Kultur und die Kochtraditionen von Mauritius geprägt und macht den Besuch der Insel zu einem unvergleichlichen Erlebnis.

Ein Straßenmarkt in Port Louis, der Hauptstadt von Mauritius

Mauritius

Als Mauritius 1968 die Unabhängigkeit erlangte, stellten die Inder die größte Volksgruppe auf der Insel, und die meisten von ihnen hatten die Vergangenheit als billige Plantagenarbeiter weit hinter sich gelassen. Auch in der postkolonialen demokratischen Regierung sind die Inder in der Überzahl. Wenn am Kratersee von Grand Bassin eine Tempelglocke erklingt und Miniaturflöße mit Opfergaben, Blumen, Früchten und flackernden Kerzen auf dem Wasser treiben, könnte sich diese Szene auch am Ufer des Ganges abspielen. Prozessionen von Gläubigen ziehen singend und betend an in dichte Weihrauchschwaden gehüllte Kolossalstatuen von Hindu-Gottheiten vorbei – der typische Sonntag an einem heiligen See, der sich Tausende Kilometer von Indien entfernt in den Vulkanbergen von Mauritius befindet. Nur wenige der in ihre *Puja*-Rituale versunkenen Männer, der Frauen in ihren farbenprächtigen Saris oder der herausgeputzten Kinder waren je in Indien. Ihre Sprache hat sich zu Bhojpuri gewandelt, einer Art Hindi mit Inseleinflüssen, und die Menschen, mit denen ich mich unterhielt, betrachteten sich trotz ihrer offensichtlich indischen Herkunft als Mauritier und sonst nichts.

Andererseits wird Mauritius keineswegs von indischen Traditionen beherrscht. Die am häufigsten verwendete Sprache ist Kreolisch. Von den Europäern sind die Franzosen am stärksten auf der Insel vertreten. In den meisten Orten gibt es neben Hindu-Tempeln Moscheen und Kirchen. Der Sega-Tanz, eine Art kreolischer Salsa, ist ein Muss der Folkloreabende in den zahlreichen Inselhotels. Die Hotels bieten meist eine Mischung aus entschärfter kreolischer, klassisch-französischer und ziemlich fader internationaler Küche an. Außerhalb der Hotels gibt es eine Fülle kräftig gewürzter kreolischer, indischer und chinesischer Gerichte: Auf Mauritius boomt das Geschäft der Imbissstände und Garküchen. Allerdings sind viele Hotels derartige Tempel hedonistischer Freuden – errichtet an weißen Sandstränden und kristallklaren, blauen Lagunen mit farbenprächtigen Korallen und exotischen Fischen –, dass die Gäste sich nur selten bemüßigt fühlen, sie zu verlassen.

Wer sich jedoch aus den Hotelenklaven hinauswagt, wird mit einer Fülle wunderschöner Eindrücke belohnt. Das Inselinnere wird immer noch beherrscht von ausgedehnten Feldern mit goldgelbem Zuckerrohr zwischen steil aufragenden Bergen aus schwarzem, zerklüftetem Vulkangestein und Wasserreservoirs im Schatten von Kasuarinen, die zu Picknicks inmitten der friedlichen Natur einladen. Der Black-River-Gorges-Nationalpark bietet eine wilde Urlandschaft mit Wasserfällen und üppig grüner Vegetation und ist ebenfalls ein beliebtes Picknickziel. Die

Einheimischen treffen sich gern zum Essen im Freien und begegnen den eher selte-nen Touristen mit solcher Herzlichkeit, dass wir mehrmals Mühe hatten, die Einladung zu umfangreichen Menüs auszuschlagen. Auf einer Fahrt durch den Nationalpark fiel uns auf, dass viele der Familien Beeren von bestimmten Sträuchern pflückten, und so hielten wir an, um sie genauer unter die Lupe zu nehmen. Die Beeren waren bitter und wurden mit Chilipfeffer und Salz vermischt gegessen – für unseren Gaumen ein eher gewöhnungsbedürftiger Geschmack. Die meisten anderen Lebensmittel, die wir auf den geschäftigen Märkten erstanden, waren aber durchaus auch für unseren Gaumen genießbar und oft sogar hervorragend. Die kreolische

Die Küche von Mauritius, die durch französische, kreolische, indische und chinesische Einflüsse geprägt ist, verwendet naturbedingt viel frischen Fisch und Meeresfrüchte.

Küche auf Mauritius verbindet afrikanische und indische Traditionen aus der Zeit der Sklaverei und der Zeit, als fremde Arbeitskräfte requiriert wurden, mit französischen und gelegentlich auch chinesischen Einflüssen. Im Lauf des 20. Jahrhunderts kamen immer mehr Festland- und Hongkong-Chinesen auf die Insel, angelockt durch die Möglichkeit, sich hier als Geschäftsleute niederzulassen. Der Hauptbeitrag der Chinesen zu den Schnellgerichten waren Nudelsuppen, dampfend heiß serviert von fliegenden Händlern, die mit ihren Karren durch die Straßen zogen. In Port Louis aßen wir Dholl-Püree, außerdem Pfannkuchen mit Rougaille, einer Knoblauch-Tomaten-Soße, und ein Blattgemüse namens Brede. Wir entdeckten auch jede Menge typisch indische Samosas (gefüllte Pasteten) und Bhajias, in gewürztem Teig frittiertes Gemüse. Das bemerkenswerteste Gericht war jedoch Fisch-Vindaye. Der Begriff Vindaye leitet sich ebenso wie die indische Vindaloo-Paste vom portugiesischen *Vinho de alho* (wörtlich: Knoblauchwein) ab und bezieht sich in diesem Fall auf eine Marinade aus Knoblauch, Senf, grünen Chilischoten, Essig und Safran.

VINDAYE ACHARD DES LÉGUMES VON MAURITIUS

ERGIBT ¾ LITER

125 g Möhren, in Stifte geschnitten
100 g Prinzessbohnen, geputzt
150 g Weißkohl, in schmale Streifen geschnitten
½ grüne Paprikaschote, in schmale Streifen geschnitten
2 grüne Chilischoten, in dünne Scheiben geschnitten

3 EL Sonnenblumenöl
1 mittelgroße Zwiebel, in dünne Ringe geschnitten
1 große Knoblauchzehe, fein gehackt
1 TL Kurkumapulver
60 ml Apfelessig
1 EL zerstoßene gelbe Senfkörner
Salz nach Geschmack

Das Gemüse mit den Chilischoten 3 Minuten in kochendem Wasser blanchieren, abgießen und kurz mit kaltem Wasser abspülen.

In einem Wok (oder einer großen Pfanne) das Öl erhitzen und Zwiebel und Knoblauch darin glasig braten. Kurkuma dazugeben und 2 Minute braten, dann ⅛ l Wasser dazugießen und 1 Minute köcheln lassen. Die Hitze reduzieren und die Soße mit Gemüse, Chili, Essig und Senfkörnern vermischen. Mit Salz abschmecken. In ein Einweckglas schöpfen, das Gemüse nach unten drücken und die restliche Flüssigkeit einfüllen. Das Glas luftdicht verschließen und 24 Stunden stehen lassen, bis die gelbe Soße vom Gemüse aufgesogen ist. Im Kühlschrank aufbewahren. Als Beilage zur Fisch-Rougaille (gegenüber) oder zu jedem anderen Gericht servieren.

Die mauritische Vindaye ist eine beliebte Beilage, die europäische, asiatische und einheimische Kochtraditionen verbindet. Sie wird in der Regel ähnlich wie eingelegte Pickles in kleinen Mengen serviert.

ROUGAILLE-SOSSE VON MAURITIUS

Diese Spezialität von Mauritius kombiniert Knoblauch, Chili und Kräuter mit Pfeffer und Tomaten. Die Anleihen bei der französischen und kreolischen Küche sind unverkennbar. Die Rougaille-Soße wird stets kochend heiß serviert und passt gut zu Geflügel, Fisch oder Gemüse. Das unten stehende Rezept schmeckt am besten zu Fisch und Meeresfrüchten.

3 EL Sonnenblumenöl
3 grüne Chilischoten, gehackt (nach Belieben)
½ TL Chilipulver
1 Stück (ca. 2,5 cm) Ingwer, fein gehackt
3 Knoblauchzehen, fein gehackt
3 rote Zwiebeln, in dünne Scheiben geschnitten

1 EL Tomatenmark
1 Handvoll frische Thymianblätter
250 g Cocktailtomaten, püriert
½ TL frisch gemahlener schwarzer Pfeffer
Salz nach Geschmack
1 Handvoll Petersilie, fein gehackt

In einem Topf das Öl stark erhitzen und die gehackten grünen Chilischoten (falls verwendet) und das Chilipulver 30 Sekunden braten. Ingwer und Knoblauch hinzufügen und 30 Sekunden braten, dann die Zwiebeln dazugeben und glasig braten.

Zunächst Tomatenmark und Thymian und nach 30 Sekunden die pürierten Tomaten unterrühren. Zugedeckt 5 Minuten köcheln lassen, bis die Soße eindickt. Dann ⅛ l Wasser dazugießen, mit Pfeffer, Salz und Petersilie würzen und noch 1 Minute durchziehen lassen.

FISCH-ROUGAILLE VON MAURITIUS

Mit der nach obigem Rezept hergestellten Rougaille-Soße lässt sich dieses Fischgericht schnell und einfach zubereiten.

FÜR 4 PERSONEN
4 Kabeljaufilets à 200 g
Salz nach Geschmack

3 EL Sonnenblumenöl
Rougaille-Soße *(oben)*

Die Fischfilets mit Salz einreiben und dann in einer großen Pfanne in dem Öl von beiden Seiten goldbraun braten. Herausnehmen.

In dem in der Pfanne verbliebenen Öl die Rougaille-Soße mit etwas Wasser 3 Minuten erhitzen. Die Filets wieder hineingeben, mit Soße überziehen und weitere 3 Minuten leise köcheln lassen.

Der Wochenmarkt in der mauritischen Provinzstadt Flacq

Die Seychellen

Diese bizarren Granitformationen findet man auf La Digue, einer Seychellen-Insel im Indischen Ozean.

Da die geschichtliche Entwicklung der Seychellen ähnlich wie auf Mauritius verlief, beeinflusst auch hier ein buntes Völkergemisch aus Afrika, Asien und Europa die Kultur und Kochtraditionen der zum Commonwealth gehörenden Inselrepublik. Die Seychellen haben nicht die ausgedehnten Zuckerrohrplantagen von Mauritius, spielten aber stets eine Rolle im Gewürzanbau. Heute zählen vor allem Zimt und Vanille zu den wichtigen Ausfuhrprodukten. Zuerst aber gelten die Seychellen als idyllisches Tropenparadies mit weißen Traumstränden und herrlich klarem, warmen Meer. Deshalb wird etwa die Hälfte des Bruttosozialprodukts durch den Fremdenverkehr erwirtschaftet; die meisten Gewürze wachsen heute in den Hausgärten der Inselbewohner.

FISCH IN KOKOSMILCH AUF SEYCHELLEN-ART

Die Fischfilets (hier Red Snapper) in eine Marinade aus Limettensaft, Pfeffer, Zimt und Ingwer legen, dann in einer Soße aus Kokosmilch, Curryblättern, Chili und Kurkuma garen.

FÜR 4 PERSONEN

4 Fischfilets á 175 g
Saft einer Limette
6 schwarze Pfefferkörner, zerstoßen
1 Zimtstange, in Stücke geteilt
1 Stück (5 cm) Ingwer, geschält und
    gerieben
2 EL Erdnussöl
3 rote Zwiebeln, in Scheiben

3 Knoblauchzehen, fein gehackt
2 grüne Chilischoten, in dünne
    Streifen geschnitten
10 Curryblätter
1 TL Kurkumapulver
400 ml Kokosmilch
Salz nach Geschmack
1 TL Limettensaft

Die Fischfilets salzen und ½ Stunde in einer Marinade aus Limettensaft, Pfefferkörnern, Zimt und der Hälfte des geriebenen Ingwers ziehen lassen.

In einer großen Pfanne das Öl erhitzen und die Zwiebeln darin glasig braten, dann Knoblauch, Chili, Curryblätter und den Rest des geriebenen Ingwers hinzufügen und 1 Minute braten. Kurkuma dazugeben, Kokosmilch und ⅛ l Wasser einrühren und 2 Minuten leise köcheln lassen. Auf keinen Fall zum Kochen bringen, da sonst die Kokosmilch gerinnt! Mit Salz abschmecken, dann die Fischfilets mit der Marinade auf dem Boden der Pfanne verteilen. Schwach köcheln lassen, bis der Fisch gar ist. Vom Herd nehmen und einen Schuss Limettensaft hineinrühren. Sofort servieren.

RECHTS: Fisch in Kokosmilch auf Seychellen-Art

Sansibar

Das nahe vorm afrikanischen Festland gelegene Sansibar war wesentlich früher bewohnt als Mauritius oder die Seychellen. Im 1. Jahrhundert n. Chr. gehörten Unguja und Pemba, die Hauptinseln des modernen Sansibar, zum Königreich von Saba, das sich im Südwesten Arabiens (heute Republik Jemen) befand. Der Seehandel zwischen Ostafrika und Arabien hing von den Monsunwinden ab. Um das 10. Jahrhundert hatten sich Araber aus Oman und Perser aus Shiraz auf Sansibar angesiedelt, um mit den Kisuaheli sprechenden Bantu-Stämmen des Festlands Handel zu treiben. Seide und Porzellan aus China, Baumwolle und Gewürze aus Indien wurden gegen einheimische Waren getauscht, darunter Elfenbein, Gold, Bernstein und Rhinozeroshorn.

Nachdem Vasco da Gama 1497 auf seiner historischen Indienreise um Afrika herum zum ersten Mal auf Sansibar gelandet war, dehnten die Portugiesen, die sich in der Gegend von Mombasa niedergelassen hatten, 1503 ihre Besitzansprüche auf die Insel aus und nutzten sie als Anlaufhafen zwischen Asien und Europa, bis sie 1698 durch die Kriegsflotte des Sultans von Oman vertrieben wurden. Das nun von Muscat aus regierte Sansibar entwickelte sich zum Zentrum eines blühenden Sklavenhandels, der Oman großen Reichtum bescherte. Da man vor allem die jungen, kräftigen Stammesmitglieder einfing und nach Übersee verkaufte, wurden damals in Ostafrika ganze Volksgruppen ausgelöscht.

Um das 19. Jahrhundert war Oman eine der bedeutendsten Handelsnationen im Bereich des Indischen Ozeans. 1820 beschloss Sultan Said, Nelkenanbau mit Sämlingen von Mauritius und den Seychellen auf der Insel zu betreiben. Die ausgedehnten Plantagen, die man auf Sansibar und Pemba errichtete, waren so erfolgreich, dass die Insel in der zweiten Hälfte des 19. Jahrhunderts über 90 Prozent des Weltbedarfs deckte und ihr Nelkenhandel die Produktion auf den Molukken zu einem Kleingewerbe weit weg von den lukrativen Märkten des Westens verkümmern ließ.

Die Nelken wurden von Sklaven geerntet und in die Hafenstadt Sansibar geschickt, wo man sie zu Nelkenöl verarbeitete. Die Stadt wurde zum glänzenden Mittelpunkt eines mächtigen und wohlhabenden Staates. Said verlegte seine Residenz von Muscat in Oman nach Sansibar und machte die Insel zu einem Zentrum des internationalen Gewürzhandels, die Kaufleute aus vielen Teilen der Welt anzog und auf diese Weise eine Küche entwickelte, die abwechslungsreicher und raffinierter war als das nur einige Dutzend Kilometer entfernte ostafrikanische Festland.

Die Blütezeit war allerdings nur von kurzer Dauer. Nach dem Tod von Said spaltete sich Sansibar von Oman ab. Seuchen suchten die Insel heim, die Nelkenpreise

OBEN: Die anglikanische Kathedrale in Sansibars historischer Stone Town wurde auf dem Platz errichtet, wo einst der Sklavenmarkt stattfand.

VORHERGEHENDE SEITE: Dhaus waren bereits zu Beginn des Gewürzhandels die allgegenwärtigen Segelboote des Indischen Ozeans. Um Sansibar sind sie immer noch ein vertrauter Anblick.

fielen, und 1890 besetzten die Briten Sansibar (nachdem sie es im Tausch gegen Helgoland vom Deutschen Reich erworben hatten) und schafften die Sklaverei ab. 1963 erhielt die Insel ihre Unabhängigkeit, und nach einer kurzen, blutigen Revolution schlossen sich Sansibar und Pemba mit Tanganjika auf dem Festland zu einem neuen Staat – Tansania – zusammen.

Sansibar hat sich viel von seinem romantischen Image und seiner einmaligen Atmosphäre bewahrt. Der Dhau-Hafen, in dem zur Blütezeit des Gewürzhandels ein geschäftiges Treiben herrschte, ist immer noch in Betrieb, und Nelken sind bis heute der wichtigste Exportartikel der Insel geblieben. Ironischerweise wird ein Großteil davon in ihre ursprüngliche Heimat Indonesien geliefert, um den riesigen Bedarf an Nelkenzigaretten zu decken, die dort eine Art nationale Leidenschaft sind. Aber nicht nur Nelken, sondern alle anderen nur denkbaren Gewürze werden auf den zahlreichen Plantagen im Innern der Insel angebaut und vermarktet.

Als ich Sansibar in den Achtzigerjahren das erste Mal besuchte, war die Insel noch nicht auf Fremdenverkehr eingestellt. Es gab nur wenige Hotels und Restaurants, und ausländische Besucher waren eher selten. Ich wurde zweimal von Polizisten ausgeraubt. Zehn Jahre später, als ich wiederkam, um Aufnahmen für ein Ökotourismus-Projekt vor der Küste zu machen, hatte sich viel verändert. Auf Sansibar wimmelte es von Touristen, es gab Geldwechselstuben und Internet-Cafés in der alten Stone Town und Straßenlaternen auf den Ausfallstraßen. Viele der restaurierten Kaufmannshäuser waren in schicke Hotels umgewandelt worden, und entlang der Ostküste reihte sich eine Ferien-Clubanlage an die andere.

Mein Aufenthalt auf der Hauptinsel war kurz. Ich überquerte in einem kleinen, offenen Motorboot einen Kanal des Indischen Ozeans, wo Fischer ihre Netze auswarfen, ließ mich auf der Insel Chumbe absetzen – und entdeckte ein Paradies. Bis vor Kurzem war die winzige Insel im Besitz des Militärs und deshalb von Besuchern hermetisch abgeschirmt. Aus diesem Grund besitzt es unberührte, weder von Fischern noch von Touristen gestörte Korallenriffe. Das Projekt sieht vor, Besucher in schlichten Ökohütten unterzubringen, die mit Solarenergie ausgestattet sind und raffiniert konstruierte Dächer zum Auffangen des Regenwassers besitzen. Mit seinem Fischreichtum, einer Fülle an Gemüse, Reis, Gewürzen und Bier sowie einer Betreuergruppe, die sich aus Rangern und Köchen aus dem Umland zusammensetzt, bietet Chumbe Besuchern die Möglichkeit, den Frieden und die unberührte Natur der Insel in einer einfachen, aber komfortablen Umgebung zu genießen.

Das Essen auf der Insel war ausgezeichnet. Wir nahmen unser Frühstück und Mittagessen umweht von einer Meeresbrise im kühlen Schatten einer offenen Terrasse ein. Abends aßen wir gemeinsam mit den anderen Gästen und Betreuern bei Kerzenlicht im Freien und kamen uns jedes Mal vor wie auf einer großartigen Dinnerparty.

SANSIBAR-CURRYPULVER

Dieses Rezept verriet mir Khadije, die während meines Aufenthalts auf der Insel Chumbe für das leibliche Wohl der Gäste sorgte. Wir verwenden es für das Sansibar-Eiercurry auf S. 185. Es passt aber auch hervorragend zu Gemüsegerichten.

FÜR 4 PERSONEN

1 TL Koriandersamen	1 Stück (2,5 cm) Zimtstange
1 TL Kreuzkümmelsamen	½ TL Kurkumapulver
1 TL Senfsamen	je 1 TL rotes Chili- und Paprikapulver
1 TL Fenchelsamen	1 Stück (5 cm) Palmzucker oder
½ TL Bockshornkleesamen	1 EL brauner Zucker

In einer kleinen Pfanne alle Samen und die Zimtstange trocken anrösten, bis sie ihr Aroma entfalten. Vom Herd nehmen und zu Pulver mahlen. Mit den restlichen Gewürzen und Palmzucker vermischen.

Diese Moschee an der Omanküste des Arabischen Meers stammt aus dem 19. Jahrhundert, als Sultan Seyyid Said mit Samengut von Mauritius und den Seychellen den Gewürznelkenanbau auf Sansibar einführte.

SANSIBAR-EIERCURRY

FÜR 4–6 PERSONEN

9 Eier
4 mittelgroße rote Zwiebeln, grob
   gehackt
1 Stück (2,5 cm) frischer Ingwer,
   geschält und grob gehackt
2 Knoblauchzehen, grob gehackt
2 rote Chilischoten

4 große Tomaten, grob gehackt
Sansibar-Currypulver *(S. 183)*
4 EL Sonnenblumenöl
250 g enthülste frische Erbsen
Salz nach Geschmack
1 Handvoll Koriandergrün

Die Eier hart kochen und mit kaltem Wasser abschrecken. Nach dem Abkühlen aus der Schale lösen, halbieren und beiseitestellen.

Zwiebeln, Ingwer, Knoblauch und Chilischoten im Mixer zu einer glatten Paste verarbeiten. Herausnehmen und anschließend Tomaten und Currypulver zu einer Paste verarbeiten. In einem Wok (oder einer großen Pfanne) das Öl erhitzen. Die Zwiebelmischung hineingeben und 2 Minuten braten. Die Tomaten-Gewürzmischung und 150 ml Wasser hinzufügen und zum Kochen bringen. Die Hitze reduzieren und leise köcheln lassen, bis die Flüssigkeit verdampft und die Soße eingedickt ist. Die Erbsen und Eier dazugeben. Mit Salz abschmecken und weitere 5 Minuten köcheln lassen. Mit Koriandergrün garnieren und mit Reis oder Bratkartoffeln servieren.

SANSIBAR-MASALA FÜR FISCHCURRY

Dieses Masala für Fischgerichte lernte ich ebenfalls auf Chumbe kennen. Die Kardamom- und Zitronengraskomponente verleiht ihm eine völlig andere Geschmacksrichtung als die oben für Gemüse- und Eiergerichte verwendete Gewürzmischung. Auf S. 186 ist sie Bestandteil eines köstlichen Garnelen-Currys.

FÜR 4 PERSONEN

1 TL Kreuzkümmelsamen
1 TL Koriandersamen
1 TL schwarze Pfefferkörner
8 grüne Kardamomkapseln, Hülsen
   entfernt

1 Stück (ca. 2,5 cm) Zimtstange
1 TL Zitronengraspulver
1 TL Ingwerpulver
1 TL Kurkumapulver
1 TL Paprikapulver

In einer kleinen Pfanne Kreuzkümmel, Koriander, Pfefferkörner, Kardamomsamen und Zimtstange trocken anrösten, bis sie ihr Aroma entfalten Vom Herd nehmen und zu Pulver mahlen. Mit den restlichen gemahlenen Gewürzen vermischen.

Khadije ist eine der Köchinnen, die ausgezeichnete einheimische Gerichte für die Gäste der kleinen Ökoanlage auf der Insel Chumbe zubereiten.

GARNELEN MIT SANSIBAR-MASALA

FÜR 4 PERSONEN

Sansibar-Fischmasala *(S. 185)*
1 EL Essig
1 EL Limettensaft
2 rote Zwiebeln, grob gehackt
2 grüne Chilischoten
400 g ungekochte Garnelen

2 rote Zwiebeln, in dünne Scheiben
   geschnitten
4 EL Sonnenblumenöl
3 große Tomaten, in Stücke
   geschnitten
Salz nach Geschmack
1 Handvoll Koriandergrün, gehackt

Die Hälfte des Fischmasalas mit Essig, Limettensaft, den grob gehackten Zwiebeln und den Chilischoten im Mixer zu einer Paste verarbeiten. Die Garnelen mit der Paste bedecken und eine halbe Stunde einziehen lassen.

In einem Wok (oder einer großen Pfanne) 2 EL Sonnenblumenöl erhitzen, die Garnelen mit der Marinade hineingeben und braten, bis sie durchgegart sind. Aus dem Wok nehmen und beiseitestellen. Die restlichen 2 EL Sonnenblumenöl zufügen und die Zwiebelringe darin hellbraun braten. Den Rest des Fischmasalas dazugeben und unter ständigem Rühren 30 Sekunden garen. Die Tomaten hinzufügen und 3 Minuten garen, dann 150 ml Wasser dazugießen, mit Salz abschmecken und köcheln lassen, bis die Flüssigkeit verdampft und die Soße eingedickt ist. Die Garnelen zurück in den Wok geben und weitere 3 Minuten köcheln lassen. Mit Koriandergrün garnieren und mit Butterreis *(unten)* servieren.

BUTTERREIS

Bei diesem Rezept werden einige der Hauptgewürze Sansibars so kombiniert, dass der Butterreis herrlich aromatisch schmeckt. Man kann ihn als Beilage für jedes der hier beschriebenen Gerichte verwenden.

FÜR 6 PERSONEN

30 g Butter
1 TL Kreuzkümmelsamen
1 Zimtstange, in Stücke geteilt

8 grüne Kardamomkapseln, zerstoßen
8 Gewürznelken
450 g Basmatireis, gewaschen

In einem mittelgroßen Topf die Butter zerlassen, die Gewürze hinzufügen und 30 Sekunden anrösten. Dann den gewaschenen Reis hinzufügen und mit der Butter verrühren. Kaltes Wasser dazugießen, es soll etwa 1 cm über dem Reis stehen. Den Deckel auflegen und zum Kochen bringen. Bei ganz niedriger Hitze leise köcheln lassen, bis das Wasser ganz aufgesogen ist.

Garnelen mit Sansibar-Masala

REGISTER

Die Seitenzahlen von Rezepten sind **fett**, von Abbildungen *kursiv* gesetzt. Ein Sternchen* bedeutet: ausführliche Informationen über ein Gewürz.

HERAUSGEBER **Jo Christian**
KÜNSTLERISCHE BEARBEITUNG **Jo Grey & Louise Kirby**
REDAKTION **Michael Brunström**
FOOD DESIGN **Nicola Fowler**
VORSATZBLÄTTER **Tim Vyner**
HISTORISCHE BERATUNG **Jon Wilson**
REGISTER **Roger Owen**
BILDREDAKTION **Anne Fraser**

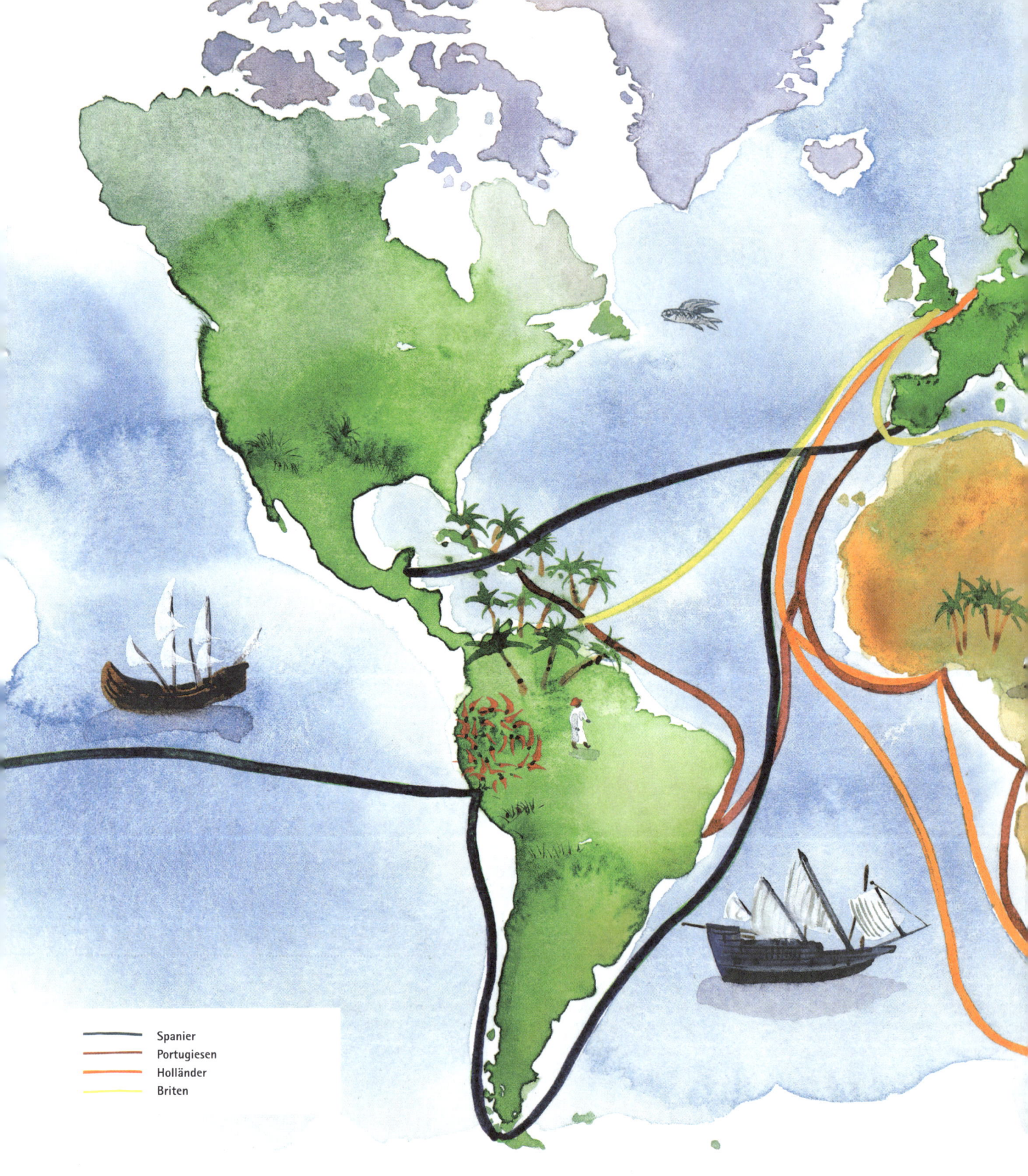

——	Spanier
——	Portugiesen
——	Holländer
——	Briten